KB202140

# 시사
# 용어
# 사전

신문·방송과
인터넷에서 사용하는

# 시사용어
# 외래어
# 해설 모음

김시우 편저

## 부록

신조어 모음

우리나라 자동차 이름에 담긴 뜻

건강 십칙

주자십회훈

결혼기념일 관련 용어

예절에 관련된 용어

한누리미디어

'한글이 세계에서 가장 훌륭한 글자'라는 말은 이름난 세계 언어학자들이 한 말이다.

영국 제프리 샘슨(Geoffrey Sampson, 1944~) 교수는 '한글은 신이 사람에게 내린 선물'이라고까지 격찬하였다.

1886년부터 우리나라 육영공원에서 외국어를 가르친 미국인 헐버트는 한글이 영문 로마자보다 더 훌륭한 소리글자임을 알고 한글을 만든 세종대왕을 존경하고 조선을 사랑하게 되었다고 한다.

이와 같이 훌륭한 자기 글자를 두고 배우고 쓰기 어려운 한자를 좋아하는 조선 사람들을 이해할 수 없다고까지 하였다. 사실 나라말과 글을 지키고 빛내는 일은 우리나라를 지키는 일이고 자주 독립국가가 되는 첫걸음이기도 하다.

이젠 정부의 조직기구 이름까지 외국말을 넣어 중소벤처기업부까지 생겨났다. '동남권 메가시티 구축' '밀양시 스마트시티 솔루션 확산 사업 공모 선정' 등 정부 공공기관에서조차 이런 광고문을 내고 있으니 일반 상업광고야 말해 무엇하랴.

신문 칼럼을 읽다 보면 스펠링도 없는 외래어 혹은 전문 용어들이 등장하여 소위 대학을 나온 이들도 불편하기 짝이 없다. 신문, 방송, 잡지에 등장하는 외래어들과 자동차·건물·아파트 이름 등에 대한 해설 모음집을 만들고자 했으나 쉬운 일은 아니었다.

우선 그 많은 단어들을 모으기가 여간 힘든 게 아니었다. 이 책에 들어 있는 단어들은 신문, 잡지에 흔히 쓰이는 외래어 단어들을 모은 것인데 무려 6~7년 동안의 세월이 걸렸다. 물론 처음부터 책을 내기 위하여 모은 것은 아니다. 다만 주로 신문 칼럼에 등장하는 단어들을 모으다 보니 상당한 분량이 되어 책으로 출판하기로 하였다.

　끝으로 이 책이 출판되기까지 제작, 편집, 교정에 힘써 주신 전 교장 김종무 선생, 김재엽 박사의 노고가 있었음을 밝혀둔다.

편저자 김 시 우

# 차 례

## 부록

지금 우리에게 필요한 것은 계절조차 잊게 하는 속도가 아니라
가끔은 그 속도를 뒤돌아보고 반성하게 하는
'느림'의 여유가 아닌지를 생각해 보아야 한다.

– 소설가 **이순원**

**가성비** (cost performance ratio; 價性比) '가격 대비 성능의 비율'을 줄여 이르는 말. 어떤 품목이나 상품에 대하여 정해진 시장 가격에서 기대할 수 있는 성능이나 효율의 정도를 말한다.

**가스라이팅** (gaslighting) 상황을 조작해 상대방이 스스로를 의심하게 만들어 판단력을 잃게 하는 정서적 학대 행위. '심리 지배'라고도 한다. 가스라이팅을 당한 사람은 자신의 판단을 믿지 못하게 되면서 가해자에게 점차 의존하게 된다.

**가시버시** 부부(夫婦)의 낮은 말. 부부를 정답게 또는 귀엽게 부르는 말.

**가이포크스** (Guy Fawkes) 1605년 가톨릭 탄압에 대항해 영국 국회의사당을 폭파시키고자 '화약 음모 사건'을 일으킨 주동자이다. 후대 영국인들은 거사를 단행하려 했던 11월 5일을 '가이 포크스 데이(Guy Fawkes Day)'로 지정해 기념하고, 짙은 콧수염이 그려진 가이포크스 가면을 쓰고 불꽃놀이를 즐겼다. 현대 대중문화에서 가이포크스는 저항과 무정부주의의 상징으로 자리매김하였다.

**갈라쇼** (gala show) 어떤 것을 기념하거나 축하하기 위해 여는 공연. 갈라쇼는 격식을 그대로 따르지 않고 변형시킨 축제성 기획 공연을 통칭한다. 아리아와 중창 등 약식으로 꾸며진 오페라를 지칭하기도 한다. 주로 클래식 음악, 뮤지컬, 발레 등 공연예술과 피겨스케이팅 분야에서 자주 행해진다.

**갈라파고스 (Galapagos)** 에콰도르 갈라파고스 주에 속한 섬. 에콰도르 본토에서 서쪽으로 1,000km 떨어진 곳의 해상에 있는 20여 개의 섬과 암초들로 이루어져 있으며 섬마다 독특한 생태계를 이루고 있다. 이에 착안하여 어떤 집단이나 국가가 세계 시장, 환경 흐름과 단절, 고립되어 낙오되는 현상을 갈라파고스 현상이라 한다.

**개러지밴드 (Garage Band)** ① 학교나 마을에서 아마추어 연주자들이 모여 결성한 소규모 밴드를 이르는 말. ② 애플에서 제작한 DAW 소프트웨어이다. 기본적으로 샘플러, 드럼, 드럼 머신, 기타, 스트링, 키보드 등의 악기를 탑재하고 있으며, 전기 기타를 기기에 연결해서 클래식 앰프와 스톰박스 이펙트와 함께 연주하는 것도 가능하다. 스마트 악기 (Smart Instruments)를 이용하면 초보자들도 손쉽게 반주나 비트를 만들 수 있다.

**갤러리 (gallery)** 미술품을 전시하고 판매하는 장소(화랑; 畵廊). 골프 경기를 구경하는 관중─ 경기 중인 선수를 따라다니면서 응원을 한다.

**거버넌스 (governance─협치; 協治)** 거버넌스는 공공행정의 새로운 패러다임으로서 '국가경영' 또는 '공공경영'으로 번역되며, 다양한 행위자가 통치에 참여·협력한다는 점을 강조해 '협치'라고도 한다.

거버넌스는 종래의 전통적인 관료제 방식인 계층제적 통제에 의한 일방적 통치가 아니라 분권화와 민영화, 시장화 등에 의하여 정부와 국민을 동반자적 관계로 보고 국민의 복지 증진, 질서 유지를 위한 국가경영을 정부의 주된 임무로 인식하는 것이다. 즉, 사회 내 다양한 기관이 자율성을 지니면서 국정 운영에 함께 참여하는 변화된 통치 방식을 의미한다.

**걸크러시 (girl crush)** ① 여자가 당찬 매력을 지닌 여자를 선망하거나 동경하는 마음(성적인 감정은 아님), 또는 그런 대상이 되는 여자. ② 주로 여성 팬이 여성 연예인에게 반한다는 뜻으로 사용한다. 크러시 (crush)는 '강렬한 사랑, 홀딱 반함'이라는 뜻으로 걸크러시는 여성 (girl)에게 한눈에 반한다(crush)는 의미가 있다.

**게놈 (genome)** 생물체를 구성하고 기능을 발휘하게 하는 모든 유전 정보가 들어 있는 유전자의 집합체. 유전자(gene)와 염색체 (chromosome)의 두 단어를 합성해 만든 용어이다. 모든 생물의 세포에는 핵이 있고, 핵 속에는 일정한 수의 염색체가 있으며, 염색체 안에는 부모로부터 물려받은 유전 정보를 가진 DNA(핵산)가 있다. 이러한 DNA를 포함하는 유전자 또는 염색체군(群)을 일컬어 게놈이라 하는 것이다.

게놈이라는 말은 1920년 H. 윙클리가 처음으로 개념을 정의하고 사용했다. 게놈을 구성하는 염색체는 생물의 종(種)에 따라 일정한 숫자로 이루어지며, 게놈 속의 1개 염색체 또는 염색체의 일부만 상실해도 기능에 중대한 영향을 미친다. 이와 같은 성질을 이용해서 생물의 게놈 구성을 밝혀내는 작업이 활발히 진행되고 있다. 즉 DNA 속에 들어있는 염기서열 중에서 생물의 유전적 특징을 결정짓는 염기서열을 밝혀내 지도로 만들고, 이를 연구·분석하는 것인데, 이를 게놈 계획이라 부른다.

**게리맨더링 (Gerrymandering)** 게리맨더링은 특정 정당이나 특정 후보자에게 유리하도록 자의적으로 선거구를 정하는 행태를 말한다. 1812년 당시 미국 매사추세츠(Massachusetts) 주(洲) 주지사였던 엘드브리지 게리는 선거에서 자당 후보들이 유리하도록 선거구를 그렸는데 그 결과 선거구 모양이 마치 도롱뇽처럼 기괴한 형태가 됐다. 이를 두고 언론이 게리(Gerry)와 도롱뇽(salamander, 샐러맨더)을 합성해 '게리맨더링'이라고 이름을 붙인 데서 유래됐다.

**게스트 (guest)** 본래는 손님이라는 뜻으로 라디오나 텔레비전의 프로그램에서 특별히 초대한 사람.

**게이 (Gay)** 동성애자를 가리키는 말. 영어단어 'gay'는 본래 '명랑한', '쾌활한' 등의 긍정적 뜻을 지닌 단어로, 1960년대 미국 성소수자들이 자신들의 성정체성을 긍정하기 위해 사용하기 시작했다. 본래는 여성과 남성 모두 해당하지만, 통상적으로는 남성 동성애자들을 칭할 때 쓰인다.

**게임체인저 (Game Changer)** 경영 측면에서는 기존 시장에 엄청난 변화를 야기할 정도의 혁신적 아이디어를 가진 사람이나 기업을 가리키는 용어로, 애플의 창업자 스티브 잡스, 페이스북의 창업자 마크 저커버그, 구글의 창업자 래리 페이지 등이 이에 해당한다. 정치적으로는 기존의 정치 질서를 뒤흔드는 사건이나 인물을 칭할 때 주로 쓴다.

**게토화 (Ghetto化)** 게토(ghetto)는 소수 인종이나 소수 민족, 또는 소수 종교집단이 거주하는 도시 안의 한 구역을 가리키는 말이다. 주로 빈민가를 형성하며 사회, 경제적인 압박을 받는다. 역사적으로 볼 때, 중세기에 유럽에서 설치한 유대인 강제거주지역, 나치 독일이 만든 유대인 강제수용소, 미국에서 흑인 등이 사는 빈민가가 게토에 속한다. 또한, 가자지구도 게토라고 평가된다. 유대인 집단학살이 묵인되고 유대회당들이 파괴되던 유스티니아누스 황제의 콘스탄티노플에는 서부 유럽의 도시들보다 한참 전에 게토가 있었다.

**고갱이** 풀이나 나무의 줄기 한가운데 있는 연한 심. 사물의 중심이 되는 부분.

**고글 (Goggles)** 먼지나 빛 따위로부터 눈을 보호하는 데 쓰는 안경.

**고퀄리티 (高Quality)** ① 품질이 높음. ② 단순한 유머 범주인데 너무 공들인 것.

**관종 (關種)** 관심을 받고 싶어 하는 욕구가 지나치게 높은 병적인 상태.

**국뽕** 국뽕은 국가와 마약의 일종인 히로뽕(필로폰)의 합성어로서 국가에 대한 자긍심에 지나치게 도취해 무조건 한국을 찬양하는 행태를 비꼬는 말이다. 인터넷 커뮤니티를 중심으로 "한국이 메소포타미아 문명을 일으켰다"는 등 근거 없이 한국사를 미화하는 이들의 행태를 비판하며 생긴 말이다.

국뽕이란 말이 널리 알려진 계기는 2013년 미국 국무부 브리핑에서 한국의 한 통신사가 "싸이의 강남스타일을 아느냐"라고 묻는 장면이 인터넷에 퍼지면서다. 당시 한국을 방문하는 유명인들은 대부분 그 질문을 받아야 했다. 국뽕은 자긍심보다는 선진국과 개도국 사이에 불안정하게 놓인 한국의 인정욕구와 불안감이 드러난 것이라고 볼 수 있다.

**굿즈 (goods)** 특정 브랜드나 연예인 등이 출시하는 기획 상품으로 드라마, 애니메이션, 팬클럽 따위와 관련된 상품이 제작된다. 셔츠나 가방, 머그컵, 인형, 식품, 가전제품 등 갖가지 상품의 형태로 기획·판매되며 머천다이즈(merchandise)라고도 부른다. 특히 팬덤 문화를 기반으로 한 굿즈는 새로운 마케팅 수단으로 정착했다. 자신의 취향과 관심사를 적극적으로 소비하며 다른 사람과 공유하는 소비문화가 떠오르면서 굿즈의 시장 규모도 커지고 있다.

**그래피티 (Graffiti)** 길거리 그림, 길거리 벽에 붓이나 스프레이 페인트를 이용해 그리는 그림.

**그래픽 (graphic)** 그림이나 사진을 위주로 하여 편집한 지면이나 인쇄물, 또는 그림이나 사진.

**그랜드 슬램 (grand slam)** ① 테니스에서 네 개의 토너먼트 경기인 프랑스 오픈, 호주 오픈, 윔블던 오픈, 전미 오픈 대회에서 한 선수가 한 해에 모두 우승하는 일. ② (체육) 주요 대회에서 모두 우승하는 것을 비유적으로 이르는 말. ③ 야구에서 만루 홈런을 쳤을 때에도 그랜드 슬램이라고 한다.

**그로테스크 (grotesque)**  일반적으로 '괴기한 것, 흉측하고 우스꽝스러운 것' 이라는 뜻. 원래 그로테스코(grotesco)란 이탈리아어로 보통 그림에는 어울리지 않는 장소를 장식하기 위한 색다른 의장을 가리키는 것이었다. 15세기 말 고대 로마의 폐허가 발굴되었을 때, 지하에 파묻혔던 건축물 볼트가 동굴(grotta)과 흡사하였는데, 그 벽 모양은 덩굴 식물인 아라베스크에 공상의 생물, 괴상한 인간의 상, 꽃 · 과일 · 촛대 등을 복잡하게 결합시킨 것으로, 그 괴이함이 사람들의 흥미를 끌어 그로테스키(grotteschi)라는 일종의 괴기 취미의 유행을 낳았다. 그로테스크란 말은 여기에서 시작되어 예술 일반에 있어서 초현실적 괴기성을 가리키는 것이 되었다.

**그루밍 (Grooming)**  ① 몸을 치장하는 일을 이르는 말. ② 화장, 털 손질, 손톱 손질 등 몸을 치장하는 행위.

**그린노믹스 (greennomics)**  자연환경을 파괴시키지 않으면서 경제 성장을 이루어 가는 경제 개발 정책.

**그린플레이션 (Greenflation)**  친환경 경제로 전환하는 과정에서 관련 원자재 등 자원의 수요는 늘고 생산은 줄어 자원 가격이 오르는 현상. 석탄이나 천연가스 생산 규제를 강화했지만, 수요는 여전히 증가해 가격이 상승한 것이 이에 해당한다.

**그립 (grip)**  라켓이나 배트, 골프채 따위의 손잡이. 또는 그것을 쥐는 방법.

**글라스노스트와 페레스트로이카 (Glasnost · Perestroika)**  소련 공산당의 마지막 서기장 미하일 고르바초프의 주도하에 펼쳐진 일련의 개혁 ·

개방 정책으로, 결국 본인의 실각과 소련 붕괴, 냉전의 종식으로 이어졌다.

**글래디에이터 (Gladiator)**  고대 로마시대 검투사의 파란 많은 인생의 사랑과 복수를 그린 미국 영화.

**글로벌라이제이션 (globalization)**  정치·경제·문화 등 여러 분야에서 세계 각 국가들이 단일화 되어가는 현상(세계화). 세계가 단일한 체계로 서로 간에 긴밀한 영향을 미치고 있는 상황을 이른다. 과학 기술의 발전으로 국경을 넘나들며 정보와 인적 교류가 활발해지면서 가능해졌다.

**글로컬 (Glocal)**  Global+local의 합성어. 지역발전과 동시에 세계화를 한다는 게 대략적인 의미이다.

**급진주의 (急進主義; radicalism)**  기존상태나 기존관계를 근본적으로 변화시키려는 사고 및 행동방식. 철학사상으로는 제러미 벤담이나 J. 밀, J. S. 밀 등의 관념연합설, 정치적·경제적 자유주의, 합리주의, 공리주의, 개인주의 등을 가리키지만 정치상의 급진주의는 시대와 사회상황에 따라 형태를 달리 한다. (진보주의)

**기레기**  기자+쓰레기의 합성어. 저널리즘의 수준을 현저하게 떨어뜨리고 기자로서의 전문성이 상당히 떨어지는 사람과 그 사회적 현상을 지칭한다.

**김나지움 (Gymnasium)**  독일의 9년제 중등 교육 기관. 체육관, 옥내체조장. 고대 그리스의 연무장, 단련장.

**깐부 (깜보, 깜부, 깐보)**  어떤 경우에도 모든 것을 나눌 수 있는 사이. 놀이할 때 같은 편으로 이를테면 딱지치기나 구슬치기와 같은 놀이를 할 때 동맹을 맺고 놀이 자산을 함께 공유하는 가장 친한 친구, 짝꿍, 동반자를 뜻하는 은어. 어원은 정확히 알려지지 않았지만 평안도 방언이라는 설, 소규모 재즈 밴드를 뜻하는 캄보(combo)가 주한미군을 통해 전해졌다는 설, 친구 사이의 깊은 우정을 뜻하는 고사성어 관포지교(管鮑之交)에서 유래했다는 설 등이 있다. 프랜차이즈 치킨 브랜드명으로도 쓰이고 있으며 '오징어 게임'을 통해 화제의 용어로 떠올랐다.

**나르시시즘 (Narcissism)** 자기애(自己愛)를 뜻한다. 그리스 신화에서 호수에 비친 자신의 모습을 사랑하다 결국 물에 빠져 죽은 나르키소스 (Narcissus) 이야기에서 유래하였다.

**나마스테 (namaste)** ① 나마스테(산스크리트어: **नमस्**)는 인도와 네팔에서 주고받는 인사말이다. 만났을 때뿐만 아니라 작별할 때도 사용한다. 공식적인 형태로 나마스카르 (**नमस्का**)가 있다. ② 좋은 아침, 안녕하세요, 고맙습니다, 당신을 존중합니다, 라는 뜻을 담고 있다.

**나비남(나非男) 프로젝트** 서울시 양천구에서 50대 독거남 고독사를 예방하고 지원하는 프로젝트. 아닐비(非)자와 사내남(男)자를 담아 '나는 혼자가 아니다'라는 의미로 50대 독거남의 사회적 고립과 개인의 복합적인 문제를 해결하기 위한 종합적인 지원 프로젝트.

**나비효과 (butterfly effect)** 어떤 일이 시작될 때 있었던 아주 작은 변화가 결과에서는 매우 큰 차이를 만들 수 있다는 이론. 1952년 작가 브래드버리가 단편소설 「천둥소리」에서 처음 사용.

**나이키 커브 (Nike Curve)** 단기간에 급속히 침체했던 경기가 완만하게 회복하는 모습을 빗댄 용어다. 스포츠 용품업체 나이키의 로고를 닮았다고 해서 붙여진 이름이다.

**낭만주의 (romanticism)** 18C 주요한 유럽국가에 확립된 고전주의 (classicism)와 계몽주의(enlightenment)가 지향하는 비합리적인 정치 체제의 타파였는데 혁명(1789년 프랑스 대혁명)을 통하여 드러난 인간의 취약한 면을 보고 절망하였다. 이러한 정신의 폐허 위에 자신의 심성에 맞는 문화를 이룩하려는 것이 낭만주의의 본질이다. 즉 자아에 대한 확인과 인간의 내면에 진실이 있다는 주장이다. 감성적인 세계인식, 유기체적인 세계관, 관념주의를 내용으로 삼는 근대적 문예사조.

**너드 (nerd)** 지능이 뛰어나지만 강박관념에 사로잡혀 있거나 사회성이 떨어지는 사람을 이르는 말.

**너프 (nerf)** 온라인 게임에서 쓰이는 낱말이다. 너프의 뜻은 어떤 상대를 보고 능력 등이 낮아졌다, 라는 뜻. 너프의 반대말은 버프 인데 좋아졌다는 뜻이다.

**넛지 (nudge)** ① 강요하지 않고 부드럽게 설득해 선택을 유도하는 방법. ② 사용자가 설정한 작은 시간 단위를 기준으로, 음원이나 미디 파일 등을 앞뒤로 이동시키는 기능.

**네거티브 (negative)** ① 부정적인 뜻을 가진 말로 상대방의 약점을 폭로하여 자기의 이익을 갖는 것. ② 피사체와는 좌우와 명암 관계가 반대인 사진의 화상.

**네러티브 (narrative)** ① 실제 혹은 허구적인 사건을 설명하는 것, 또는 기술(writing)이라는 행위에 내재되어 있는 이야기적인 성격을 지칭하는 말. 시간과 공간에서 발생하는 인과관계로 엮어진 실제 혹은 허구적 사건들의 연결을 의미하며 문학이나 연극, 영화와 같은 예술 텍스트에서는 이야기를 조직하고 전개하기 위해 동원되는 다양한 전략, 관습, 코드, 형식 등을 포괄하는 개념으로 쓰인다. 네러티브는 관객들에게 펼쳐지는 내용에 대한 합리적인 설명을 제공하고 이를 기초로 어떤 사건이 벌어질 것인가를 예측하게 해준다. 그럼으로써 어떤 사건이나 감정의 발생이 어떻게 가능하게 되었는지에 대한 전개 과정을 보여주는 것이다. ② (사실·경험에 입각한) 이야기, 이야기책, 이야기하기, 이야기체의.

**네오뱅크 (Neo Bank)** 오프라인 지점 없이 비대면 방식인 모바일이나 인터넷만으로 금융 서비스를 제공하는 은행을 의미한다. 디지털이나 소셜네트워크 등을 기반으로 고객과의 접근 방식을 넓힌 인터넷 은행이라고 볼 수 있다. 한국에서는 카카오뱅크, 케이뱅크, 토스뱅크가 대표적이다.

**네이밍 (naming)** 상표나 회사 따위의 이름을 짓는 일.

**네이버후드 (neighborhood)** 이웃, 주변 환경.

**넷플릭스 (Netflix)** 세계 최대의 유료 동영상 스트리밍 서비스 사업자. 넷플릭스(Netflix)란 '인터넷(NET)'과 영화를 뜻하는 '플릭스(Flicks)'의 합성어로 '인터넷을 통해 영화를 유통한다'는 의미가 있다. 세계 최대 인터넷 기반 TV 서비스 사업자로 2015년 기준 세계 50여 개 국가에 진출했으며 가입자는 6,500만여 명에 이른다. 2016년부터 한국을 포함한 130개 국가에 진출을 선언했다. 한국에서는 2016년 1월부터 서비스를 시행하고 있다.

**노마드 (nomade)** 유목민이란 프랑스 말이다. 정보통신 기술을 이용하여 스스로 뉴스를 찾고 스스로 정보원이 되는 세대를 말한다.

**노멀 크러쉬 (Nomal Crush)** 평범하고 소박한 것이 행복하다고 느끼는 정서(동의어-미니멀 라이프; Minimal Life). 노멀 크러시는 젊은 세대들이 돈, 명예, 권력, 성공 등 세상이 정해놓은 화려한 것들에 질려 평범한 것에 눈을 돌리는 현상이다. '보통의'라는 의미의 normal과 '반하다'는 뜻의 crush를 결합한 것이다. 사회가 정한 기준을 따르기보다는 자신만의 기준에 따라 소소하고 평범한 일상에 만족하면서도 마음의 위안을 찾는 젊은 세대들이 많아지고 있다. 노멀 크러시는 공감할 수 있는 콘텐츠에 환호하고 소박한 골목길, 사소한 사람들의 강연에 귀를 기울이는 등의 형태로 나타난다. 성공을 위해 바쁘게 살아가는 것보다 충분한 여유를 갖고 여행, 영화 등 취미 생활을 즐기는 것을 추구한다. 대표적인 예로는 사랑하는 사람들과 함께하는 시간을 소중히 여기며 소박한 삶의 여유를 즐기는 라이프스타일인 휘게(hygge), 자연스러운 멋을 추구하는 패션 스타일인 놈코어(normcore), 잔잔한 소리를 들으며 심리적인 안정을 유도하는 영상인 ASMR 등의 유행 등이 있다.

**노미네이트 (nominate)** 어떤 상이나 직책의 후보자로 지명되는 것. 일반적으로 미국 아카데미상과 같이 후보작 선정에서도 여러 엄정한 과정을 거치고 수상 후보작을 미리 발표하는 영화상, 연극상 등의 후보작을 '노미네이트 되었다'라고 표현한다. 때로 중요한 지위나 직책에 후보자로 추천되거나 지명되는 것을 '노미네이트 되었다'고 표현하기도 한다.

**노믹스 (nomics )** …의 경제정책.

**노블레스 말라드 (Noblesse Malade)** 사회적으로 모범을 보여야 할 부유층과 사회 고위층이 거꾸로 비도덕적 행위를 일삼는 행위를 비꼬는 단어다. 병들고 부패한 지도층.

**노블레스 오블리주** (프랑스어: noblesse oblige, IPA: nɔblɛs ɔbliʒ, 영어: nobility obliges)  프랑스어로 "귀족은 의무를 갖는다"를 의미한다. 보통 부와 권력, 명성은 사회에 대한 책임과 함께해야 한다는 의미로 쓰인다. 즉, 노블레스 오블리주는 사회지도층에게 사회에 대한 책임이나 국민의 의무를 모범적으로 실천하는 높은 도덕성을 요구하는 단어이다. 하지만 이 말은 사회지도층들이 국민의 의무를 실천하지 않는 문제를 비판하는 부정적인 의미로 쓰이기도 한다.

**노하우** (knowhow)  남이 알지 못하는 자기만의 독특하고 효과적인 방법. 산업상 이용할 수 있는 중요한 기술 정보, 상품을 만드는 비법.

**녹다운** (knockdown)  ① 기계 등을 부품이나 반제품의 형태로 수출하고 현지에서 완성품으로 조립하여 판매하는 방식. ② 권투에서 선수가 시합 중 상대 선수에게 맞아 발 이외의 부분이 링의 바닥에 닿아 있는 상태. 로프에 쓰러져 매달리거나, 로프 밖으로 떨어져 나가거나, 또는 의식이 불분명한 채로 서서 얻어맞기만 하는 경우에도 주심이 시합이 불가능하다고 판단하면 녹다운으로 인정된다.

**논픽션** (nonfiction)  상상으로 꾸민 이야기가 아닌, 사실에 근거하여 쓴 기록, 문학작품을 통틀어 일컫는 말(포르타주, 자서전, 전기, 기행문, 회고록 등).

**놈코어** (normcore)  평범함을 뜻하는 '노멀(normal)'과 한 가지를 고집스럽게 추구한다는 뜻의 '하드코어(hardcore)'의 합성어로 평범함을 추구하는 패션 스타일을 말한다. 놈코어라는 용어는 공상과학 소설가 윌리엄 깁슨이 2003년 발표한 소설 『패턴 인식(Pattern Recognition)』에서 처음 등장했다. 2013년 10월 미국 뉴욕의 트렌드 전망 기관인 '케이홀'이 사용한 뒤부터 빠른 속도로 전 세계로 확산되었다. 놈코어는 2014년 구글에서 가장 많이 검색된 패션 트렌드였으며, 같은 해 영국의 『옥스

퍼드사전』은 놈코어를 올해의 패션 신조어에 포함시켰다.

**뇌피셜 (腦＋official)** ① 신조어 중 하나로 뇌(腦)와 오피셜(official, 공식 입장)의 합성어로, 자기 머리에서 나온 생각이 사실이나 검증된 것처럼 말하는 행위를 뜻한다. 또는 '뇌 내에서만 공식적인 생각', 즉 '자신의 뇌세포들만 공식적으로 인정하는 생각'이라고 해석할 수도 있다. ② 주로 인터넷상에서 객관적인 근거가 없이 자신의 생각만을 근거로 한 추측이나 주장을 이르는 말.

**누아르 (noir)** 암흑가를 다룬 영화. 본래는 제2차 세계 대전 후, 프랑스 비평가들이 자기 나라에서 성행한 범죄와 파멸이 반복되는 내용을 다룬 일련의 할리우드 영화에 부여한 명칭이었다(암울한 내용이나 범죄영화).

**뉴노멀 (New normal)** 새롭게 보편화 된 사회·문화·경제적 표준을 의미하는 시사용어. 2004년 처음 사용되기 시작했으며, 초기에는 경제 상황 변화에 따른 진단과 대응을 위해 제시된 경제 용어였으나 2020년 전 세계로 확산된 코로나바이러스감염증-19 사태 이후로는 전 시대와 달리 새롭게 변화된 사회적·문화적 변화를 포괄하는 개념으로 의미가 확장되었다.

**뉴런 (neuron)** 신경세포.

**뉴트로 (New-tro)** 뉴트로는 새로움(New)과 복고(Retro)를 합친 말로, 새롭게 유행하는 복고풍 현상. 과거를 그리워하며 단순히 과거에 유행했던 것을 다시 꺼내 그 향수를 느끼는 것이 '레트로'라면, 뉴트로는 이와 달리 같은 과거의 것이지만 이것을 최신 유행처럼 즐기는 것을 의미한다.

**니어쇼어링 (Near shoring)** 근거리 아웃소싱(기업 업무의 일부 부문이나 과정을 경영 효과 및 효율의 극대화를 위한 방안으로 제3자에게 위탁해 처리하는 것). 본국으로 이전하는 리쇼어링이 어렵다고 판단되면 인접 국가로부터 아웃소싱하는 개념. 최근 글로벌 기업의 탈중국 추세가 늘면서 리쇼어링 대신 동남아 등지로 니어쇼어링하는 사례가 늘고 있다.

**니힐리즘 (Nihilism, 허무주의)** 라틴어로 '없음(無)'을 뜻하는 '니힐(Nihil)'에서 비롯된 말로, 허무주의를 의미. 즉 아무것도 존재하지 않는다는 주장이다. 절대적인 진리나 도덕·가치 등은 존재하지 않는다고 보아 기존의 가치와 권위를 부정하고 허무의 심연을 직시하려는 입장이다. 절망적·수동적 니힐리즘은 인생에는 어떠한 의미도 없다고 보아 쾌락을 탐닉하거나 무관심(이기주의)하며, 반대로 능동적 니힐리즘은 무(無)를 무로서 인정함으로써 자유를 탐구한다.

**님트 (NIMT; Not In My Term)** 대통령, 총리 등 중앙정부 수반(首班)이나 지방자치단체장들이 자신의 임기 중에는 환경오염 시설물 설치, 기업 구조조정, 미세먼지 대책, 연금 개혁, 방사성 폐기물 처분장 건설 등 국민에게 인기 없는 결정을 하지 않으려는 현상이다.

**님프 (nymph)** 그리스 신화에 나오는 수풀, 물, 동굴 같은 곳에 사는 초자연적 존재인 반신, 반인의 요정. 그리스 신화에 등장하는 하위의 많은 여성 신. '님프'라는 이름은 '아가씨'를 뜻한다. 이들은 여느 신과 같이 불사의 존재는 아니었지만 수명이 대단히 길었으며, 남자들에게 매우 친절한 편이었다. 특히 잘생긴 남자들을 보면 한눈에 반하여 바로 납치하기도 했는데, 이로 인해 님프는 여성의 과잉 성욕을 뜻하는 용어인 '님포마니아'의 어원이 되었다. 한편 이탈리아에는 샘의 여신, 시내의 여신, 우물의 여신(님파이라고 불림) 등의 토속신들이 있었는데, 님프는 후에 이들과 동일시되었다.

**다다** (Dada) 기존의 모든 가치나 질서를 철저히 부정하고 야유하면서 비이성적, 비심미적, 비도덕적인 것을 지향하는 예술사조.

**다다이즘** (dadaism) 다다란 아무 뜻이 없다는 뜻. 20세기 초두(初頭) 유럽의 문학, 미술 운동의 하나로 일체의 제약을 거부하고 기존의 모든 가치나 질서를 철저히 부정하고 야유하면서 비이성적, 비심미적, 비도덕적인 것을 지향하는 예술사조.

**다운사이징** (downsizing) 기업의 업무나 조직의 규모를 줄이는 일(기구 축소 또는 감원). 원가절감이 주요 목표이기는 하지만 장기적인 경영전략 차원에서 추진된다. 수익성이 없거나 비생산적인 부서 또는 지점을 축소·해체하거나 기구를 단순화함으로써 관료주의적 경영체제를 지양하고 의사소통을 원활하게 하여 신속한 의사결정을 도모하는 것을 말한다.

**다윗과 골리앗** 전혀 상대가 될 것 같지 않은 사람들이나 팀 혹은 회사끼리 경쟁하는 모습을 나타내는 말(이스라엘의 양치기 소년 다윗과 불레셋 군대의 골리앗과의 싸움에서 나온 말).

**다이얼로그, 다이알로그** (Dialogue) 대화, 대담, 문답.

**다이제스트** (digest) ① 섭취된 음식이 체내에서 여러 소화 효소에 의하여 분해되고 흡수되는 일련의 과정. ② 어떤 저작물이나 편찬물의 내용을 요점만 간추리는 일, 또는 그런 출판물.

**다크 넛지 (dark nudge)** ① 기업이 이익을 취하기 위해 소비자가 비합리적인 소비를 하도록 유도하는 행태를 말한다. ② 별도 고지 없이 요금을 자동 결제시키거나 해지 수단을 제한하는 등 비합리적 소비를 유도하는 것. 최근 선택을 번복하기 귀찮아하는 소비자들의 성향을 노려, 첫 달 무료로 결제를 유도한 후 자동결제 연장 통보 없이 매달 요금을 받는 사례가 늘고 있다.

**다크 투어리즘 (dark tourism)** 전쟁이나 학살처럼 비극적인 역사 현장이나 대규모 재난재해가 일어났던 곳을 돌아보며 교훈을 얻는 여행을 말한다. 다른 말로 '블랙 투어리즘(black tourism)', 비탄이나 큰 슬픔을 의미하는 '그리프 투어리즘(grief tourism)'이라고도 한다. 대표적인 다크 투어리즘 명소는 제2차 세계대전 당시 400만 명이 학살당했던 아우슈비츠 강제수용소다. 폴란드에 있는 아우슈비츠 박물관에서 관람객들은 유대인들이 대량 학살당했던 생체실험실·고문실·가스실·처형대 등을 보며 역사에 대한 반성과 함께 숙연함을 느끼게 된다.

**단카이세대 (団塊世代)** 일본에서 1947~1949년 사이에 태어난 세대(일본 전체 인구의 5.4%).

**담론 (談論)** 솔직하고 허물없이 이야기하며 논의함.

**대미지 (damage)** ① 생명이나 신체, 재산, 명예 따위에 입은 손해. ② 권투나 격투기에서, 경기 중 상대편에게 많이 맞아서 신체가 부담을 느끼는 상태. 갖은 구타로 몸이 아프거나 힘이 없는 상태에 이른 경우이다.

**더블딥 (double dip)** 경기가 두 번(double) 떨어진다(dip)는 뜻으로 침체되었던 경기가 잠시 회복되는 듯하다가 다시 침체되는 상태. 더블딥(doubledip)은 2001년 미국 모건스탠리사의 이코노미스트였던 로치(S. Roach)가 미국 경제를 진단하면서 처음 사용한 용어로, 경기순환의 모습이 영문자 "W"를 닮았다 해서 "W자형 경기변동"(또는 "W자형 불황")이라고도 한다.

**더치페이 (Dutch pay)** Dutch treat에서 유래한 말로 비용 각자 부담의 뜻 (2명 이상의 단체가 모여 어떤 재화나 서비스에 대해 돈을 계산할 때, 한 사람이 한꺼번에 계산하지 않고 각 개인이 취한 부분에 대해서 돈을 따로 치르는 계산 방식을 뜻한다). 순화어는 각자내기이다. 일본어에서 온 속어로는 뿜빠이(일본어: 分配)라는 표현도 있고, 중국어를 사용하는 언어권 지역에서는 AA제라고 가르친다.

**데모 (Demo)** ① 어떤 주장이나 뜻을 나타내거나 관철하기 위해서 많은 사람들이 모여서 행진이나 시위를 함. ② (음악)샘플 음원을 녹음한 노래이다. 데몬스트레이션(demonstration)의 준말이다. 작곡자와 연주가가 음악의 개요를 알리기 위해 만든 곡을 가리키는 경우가 많다.

**데모데이 (Demo Day)** 스타트업(Startup) 기업이 투자자들에게 서비스나 제품 등을 소개하는 행사다(시연회 날). 스타트업은 설립한 지 얼마 되지 않은 신생 벤처 기업이다. 데모데이(Demoday)란 '전시용, 시험용'을 의미하는 'Demo'와 '날(Day)'의 합성어다. 계획을 시행하는 예정일인 '디데이(D-day)'에서 딴 말이다. 본격적인 사업 진행에 앞서 투자자들에게 자신들의 아이디어와 사업 방향 등을 선보이고 디데이를 준비한다는 의미가 있다. 데모데이는 실리콘밸리의 시드 액셀러레이터 (Seed Accelerator)인 '와이 콤비네이터(Y Combinator)'의 스타트업 육성 프로그램 이름에서 유래했다. 시드 액셀러레이터란 창업한 지 얼마 되지 않은 스타트업 기업을 발굴해 지원하는 단체를 일컫는다. 대개 3 ~4개월 정도 기간을 정해 스타트업을 지원한다. 한국에서는 2010년 시드 액셀러레이터 프라이머(Primer)가 데모데이를 처음 시작했다. 2013년부터는 K 스타트업(K-startup)과 스파크랩(Spark Labs)이 데모데이를 개최하고 있다. K 스타트업과 스파크랩 모두 시드 액셀러레이터 단체들이다.

**데생 (dessin)** 채색을 하지 않고 주로 선으로 형태나 명암을 나타내는 회화 표현 방법.

**데스 클리닝 (death-cleaning)** 죽을 것을 대비하여 자신의 물건을 스스로 정리하는 일, 또는 그런 문화. 스웨덴에서 시작되었으며, 죽기 전 자신의 물건을 정리하면서 지난 삶을 돌아보고 남은 삶을 계획한다. 세계적으로 확산되는 추세이다.

**데이터 베이스(database)** 여러 사람이 공유하여 사용할 목적으로, 통합하여 관리되는 데이터(자료)의 집합. 자료 항목의 중복을 없애고 자료를 구조화하여 저장함으로써 자료 검색과 갱신의 효율을 높인다.

**데자뷰 (deja vu; 프)** 처음 해 보는 일이나 처음 보는 대상, 장소 따위가 낯설게 느껴지지 않는 현상(旣視感). 프랑스어로 이미 보았다는 뜻.

**데카브리스트 (Dekabrist; 러)** 12월을 가리키는 러시아어 '데카브리(де кабрь)'에서 나온 말로서, 러시아의 1825년 12월 14일 봉기 가담자 또는 '12월당'을 말한다. 비록 혁명은 실패했지만 그들의 순교는 러시아의 현실에 불만을 품은 다음 세대들에게 깊은 영향을 주었다. 데카브리스트는 주로 상류층 사람들이었다. 그들은 대부분 프리메이슨 회원이었다가 나폴레옹 전쟁이 끝나 러시아가 프랑스를 점령할 때 참가했던 장교들로서, 러시아의 비밀애국단체(후에 혁명단체가 됨)인 구원동맹(1816)·평안동맹(1818)·북부협회(1821)·남부협회(1821)에 가입한 사람들이었다.

**데카콘 (Decacorn)** 경제 분야에서는 기업 가치가 100억 달러(10조 원) 이상인 신생 벤처 기업을 말한다. 기업가치 10억 달러 이상인 기업을 머리에 뿔이 하나가 달린 말인 유니콘(unicorn)에 비유했듯이 유니콘보다 기업가치가 10배 되는 기업을 머리에 뿔이 10개 달린 상상의 동물인 데카콘에 비유한 것이다. 10을 뜻하는 접두사인 데카(deca)와 유니콘의 콘(com)을 결합하여 만든 용어다.

**데칼코마니 (decalcomanie)** 어떤 무늬를 특수한 종이에 찍어 얇은 막을 이루게 만든 뒤 다른 표면에 옮기는 것. 인쇄기에 넣을 수 없는 물체에 장식을 하거나 상표를 붙일 때 널리 사용한다.

**도그마 (dogma)** 독단적인 신념이나 학설. 구약성서를 헬라어로 번역하는 과정 중에 처음 사용된 말로, 당시에는 유대교인이나 기독교인들이 지켜야 할 규범이라는 뜻을 지니고 있었다. 이후 중세에는 신앙 고백 자체를 의미하게 되었고, 믿음의 대상으로 삼기로 한 진리를 '신앙의 도그마'로 부르게 되었다. 철학에서는 비판을 허용하지 않는 독단적 견해라는 의미로 사용되어, '독단적'이라는 뉘앙스를 지니게 되었다.

**도네이션 (donation)** ① (때로 a donation) 기증, ② (기금 등에의) 기부금, ③ 기부, ④ 기증품.

**도슨트 (Docent)** 미술관이나 박물관 등에서 전시작품을 설명하는 사람을 말한다. 도슨트(Docent)는 '가르치다'라는 뜻의 라틴어 'Docère'에서 파생된 말로 유럽에서는 대학의 시간강사를 이르는 말로 사용한다.

**도어 스테핑 (doorstepping)** 집 밖이나 건물 입구 등 공개된 장소에서 특정 인물을 기다렸다가 약식으로 하는 기자 회견을 말한다.

**도이머이 (Đổi mới)** 베트남어로 '변경한다'는 뜻의 '도이(đổi)'와 '새롭게'라는 의미의 '머이(mới)'가 합쳐진 용어로 '쇄신'을 뜻한다. 1986년 베트남 공산당 제6차 대회에서 제기된 개혁·개방 정책 슬로건이다. 공산당 일당 지배 체제를 유지하면서 사회주의적 경제발전을 지향하게 된 시발점이다. 당시 베트남 공산당 총비서였던 응우옌반린이 주도했다. 사회주의 체제에서 자본주의적 해결법을 사용했다는 점에서 중국의 '흑묘백묘론'과 유사하다.

**도파민 (dopamine)** 동물에 존재하는 아민(amine)의 하나. 머릿골 신경 세포의 흥분 전달에 중요한 구실을 한다. 부족하게 되면 파킨슨병이 생긴다(신경 전달 물질의 일종).

**도플갱어 (Doppelganger)** 자신과 똑같이 생긴 사람이나 동물, 즉 분신이나 복제품.

**돌싱 (돌 ← single)** 사별이나 이혼 따위로 다시 혼자가 된 사람. '돌아온 싱글'을 줄여서 이르는 말이다. 예) 돌싱남—이혼남. 돌싱녀—이혼녀.

**돌직구** ① 힘이 강하고 빠른 직구를 비유적으로 이르는 말. ② 상대방의 입장을 고려하지 않고 직설적으로 말하는 것을 비유적으로 이르는 말.

**동가식서가숙 (東家食西家宿)** 떠돌아다니며 이집 저집에서 얻어먹고 지냄. 또는 그런 사람. 제나라의 한 처녀에게 부유하지만 추남인 동쪽 집 안과 가난하지만 외모가 뛰어난 서쪽 집안 아들이 동시에 청혼을 했다. 부모가 딸에게 의견을 묻자 딸은 '낮에는 동쪽 집에 가서 먹고 싶고 밤에는 서쪽 집에 가서 자고 싶다'고 대답했다는 고사에서 나온 말임.

**동전의 양면** 동전에는 양면이 있다. 이를 인간사회에 지혜롭게 활용한 교훈으로 어떤 사물이나 현상에는 두 가지 비교되는 속성이 있다는 뜻으로 라이벌의 상생관계를 말함.

**두억시니** 모질고 사악한 귀신의 하나.

**드라이브 스루 (drive-through)** 자동차에 탄 채로 쇼핑할 수 있는 상점. 주차장의 티켓 판매소, 책방, 레스토랑, 금융 기관 따위가 있다(승차 검진).

**드레퓌스 사건 (Dreyfus事件)** 1894년 프랑스에서 정치적으로 큰 물의를 빚은 사건. 군 법정이 유대인 사관 드레퓌스에게 독일의 간첩 혐의를 씌워 종신형을 선고하자, 소설가 에밀 졸라를 비롯한 인권 옹호파가 그 부정을 폭로한 사건이다.

**드로잉 (drawing)** ① 연필이나 펜 따위를 사용하여 대상의 윤곽을 선으로 표현하는 것. ②(기본의미) 기계나 건물 따위의 설계, 구조 등을 제도기를 사용하여 일정한 법칙에 따라 그림으로 나타내는 것.

**드론 (drone)** ① 무인 비행기, 윙윙거리다, 게으름뱅이, 단조로운 소리. ② 드론은 조종사가 탑승하지 않고 무선전파 유도에 의해 비행과 조종이 가능한 비행기나 헬리콥터 모양의 무인기를 뜻한다. '드론'은 '낮게 웅웅거리는 소리'를 뜻하는 단어로 벌이 날아다니며 웅웅대는 소리에 착안해 붙여진 이름이다. 드론은 애초 군사용으로 탄생했지만 이제는 고공 영상·사진 촬영과 배달, 기상정보 수집, 농약 살포 등 다양한 분야에서 활용되고 있다.

**드롭아웃 (dropouts)** 기존의 구조로부터 빠져나오는 것. ① 탈퇴(자). ② (적법 연령에 달한 후의) 고등학교 중퇴자. ③ (기성 사회의 도덕·가치관을 거부한) 이탈(자). ④ 소련에서 이스라엘로 가지 않고 미국 등으로 이주한 유대인. [데이터전송 용어] -잡음이나 손실성 순단에 의해 생기는 불연속한 데이터 신호 결락.

**디렉터 (director)** ① 어떤 매장이나 회사 또는 어떠한 프로젝트, 프로그램 등의 책임자(지도자, 관리자). ② 광고의 제작 과정을 책임지고 광고 전체의 영상을 완성하는 사람.

**디바 (diva)** 인기 있고 뛰어난 여자 가수나 여배우.

**디스 (Diss)** 결례를 뜻하는 디스리스펙트(Disrespect)의 약자로 힙합 장르에서 랩을 통해 다른 래퍼나 못마땅한 사람들을 비난하는 행위를 뜻한다. 디스는 미국 힙합계에서는 일상이나 마찬가지다. 디스는 게임의 성격을 띠기도 하는데, 래퍼들이 누군가를 디스하는 곡을 특히 심혈을 기울여 만들고 힙합 마니아들이 내용보다 누구의 랩 실력이 훌륭한지를 따지는 것도 이 때문이다. 힙합을 오늘날 세계적인 음악 장르로 만든 것도 디스다. 1990년대 미국에서 본격화된 랩 배틀로 미국은 랩 음악의 전성기를 맞았다.

**디스어드밴테이지 (disadvantage)** ① 사회적 열위. ② …을 불리하게 하다. ③ 결점.

**디스토피아 (dystopia)** ① 반이상향, 살기 어려운 곳. ↔ utopia. ② 가장 부정적인 암흑세계의 픽션을 그려냄으로써 현실을 날카롭게 비판하는 문학작품 및 사상을 가리킨다.

**디스패치 (dispatch)** ① 급파하다, (옛투) 신속히 내보내다, (옛투)(치명타를 가해) 죽이다, (사자 등의) 파견 ② 복수의 프로그램을 동시에 실행하는 멀티태스크 오퍼레이팅 시스템이 다음에 실행해야 하는 프로그램을 결정하여 시피유(CPU) 사용권을 주는 조작.

**디아스포라 (Diaspora)** ① 그리스어 διασπορά에서 온 것으로 '씨를 뿌린다'의 의미이다. 주민들의 이동과 관련해서 디아스포라는 민족의 정체성을 공유하는 주민들이 고향을 자발적으로 혹은 강제로 떠나 멀리 떨어진 지역에서 거주하는 것을 뜻한다. 고대 그리스인들은 소아시아와 지중해 연안을 정복하여 식민지화하는 과정에서 자국민들을 이주시켜 세력을 확장했다. 고대 그리스에서 디아스포라는 식민지화를 목적으로 정복지로 이주한 지배 도시국가의 시민들을 언급할 때 사용되었다. ② 팔레스타인을 떠나 세계 각지에 흩어져 살면서 유대교의 규범과 생활 관습을 유지하는 유대인. 넓게 해석하면 본토를 떠나 타지에서 자신들의 규범과 관습을 유지하며 살아가는 민족 집단 또는 그 거주지.

**디엠지, 디엠제트 (DMZ; 비무장지대)** 조약에 의해 군사적 시설과 행동이 금지된 지역으로 이 지역은 동시에 중립화되는 경우가 많다. 우리나라 DMZ는 군사분계선을 중심으로 남북 각 2km이다.

**디오니소스 (Dionysos)** 희랍 신중의 신(神), 문화를 촉진하고 입법도 하는 신. ※ 동적(動的) 정의적(情意的)인 풍을 주로 하는 공포 고뇌, 부정, 죽음이 디오니소스적이라 할 수 있다.

**디자인 비엔날레 (Design Biennale)** 국제 미술전.

**디지털 (digital)** 자료나 정보 따위를 이진수와 같은 유한 자릿수의 수열로 나타내는 일. ↔ 아날로그.

**디지털 노마드 (digital nomade)** 첨단 디지털 장비를 갖추고 여러 나라를 다니며 일하는 사람. 또는 그런 무리. 디지털 노마드는 스마트폰과 태블릿 같은 디지털 장비를 활용하여 정보를 끊임없이 활용하고 생산하면서 디지털 시대의 대표적인 인간유형으로 인식되고 있다. 프랑스 사회학자 자크이탈리아가 그의 저서 『21세기의 사전』에서 21세기는 디지털 장비를 갖추고 떠도는 디지털 노마드시대라고 규정하였다. 즉 새로운 유목민(遊牧民)시대이다.

**디케 (Dike)** 그리스 신화에 나오는 정의의 여신. 제우스와 테미스의 딸이다. 고대 그리스에서 모든 사람들에게 숭배를 받았다고 전해지며, 청동기시대까지 인간과 함께 살았으나 인간의 타락이 도를 넘어서자 하늘로 올라가 별자리가 되었다고 알려져 있다.

**디케이드 (decade)** 10년간. 10을 단위로 하는 한 그룹. 10명, 10개, 10권 등.

**디코이 (Decoy)** ① (군사)적 세력의 유도탄이나 각종 탐지장비들을 혼란시키고 교란하기 위해 만든 가짜를 뜻한다. 디코이들을 사용함으로써 전술적으로는 아군의 물자와 인명 피해를 줄이고 전략적으로는 상대의 물자적 손해를 야기한다. ② 농구 경기에서 공격수가 수비수를 유인하는 움직임.

**디테일 (detail)** ① 작품 전체에 대하여 세부적인 부분을 이르는 말. ② 자세하고 빈틈없이 꼼꼼하다.

**디톡스 (Ditox = Ditoxifition)** ① 몸 안의 독소 노폐물 따위를 없애는 대체의학 제독 요법. ② 유해 물질이 몸 안에 과도하게 들어오는 것을 막고 장이나 신장, 폐, 피부 등을 통한 노폐물의 배출을 촉진하는 것.

**딜레마 (dilemma)** 몇 가지 중 하나를 선택해야 하는 상황에서 판단을 내리지 못하고 있는 상태를 이르는 말. 그 어느 쪽을 선택해도 바람직하지 못한 결과가 나오게 되는 곤란한 상황.

**딥러닝 (deep learning)** 사물이나 데이터를 분류하거나 군집하는 데 사용하는 기술을 말한다. 사람의 뇌가 사물을 구분하는 것처럼 컴퓨터가 사물을 분류하도록 훈련시키는 기계학습(Machine Learning)의 일종이다.

**딜리버리 (delivery)** ① 물건을 배달하는 일. ② (야구) 투수가 공을 던지는 동작. (볼링) 손에 공을 든 상태에서 던지기까지의 동작.

**딥스로트 (deep throat)** 자신이 일하는 조직의 불법이나 비리에 관한 정보를 익명으로 제보하는 사람. 내부 고발자.

**딥 페이크 (Deep Fake)** 인공지능 기술을 이용해 특정 인물의 얼굴 등을 특정 영상에 합성한 편집물, 즉 가짜 동영상을 말한다. '딥 러닝(deep learning)'과 '거짓(fake)'의 합성어다. 미국에서 '딥 페이크'라는 네티즌이 온라인 커뮤니티 레딧에 할리우드 배우의 얼굴과 포르노를 합성한 편집물을 올리면서 시작됐다. 연예인이나 정치인 등 유명인뿐만 아니라 일반인도 대상이 되면서 논란이 확산됐다. 딥페이크는 온라인에 공개된 무료 소스코드와 알고리즘으로 손쉽게 제작이 가능하며 진위 여부를 가리기 어려울 만큼 정교하다. 특히 피해자의 신고가 없으면 단속이 어렵다. 트위터와 같은 SNS를 통해 제작을 의뢰하고 합성물을 받으므로 계정을 폐쇄하면 밝혀내기가 어려워 처벌하기가 쉽지 않다.

**딩크족 (DINK族)** 정상적인 부부 생활을 영위하면서 의도적으로 자녀를 두지 않는 맞벌이 부부. Double Income No Kids의 앞 글자를 따서 만든 말이다.

**따상** 주식 시장에서 신규 상장 종목의 주가 급등을 표현하는 속어. 신규 상장된 종목은 첫 거래일에 공모가의 두 배까지 시초가를 형성할 수 있는데, 두 배의 시초가 기준으로 상한가인 30%까지 올라 장 마감하는 경우를 '따상'이라고 한다. 이 경우 종가가 공모가 기준 160% 상승하는 효과가 있다. '따상상'은 전날 시장에서 '따상'으로 마감한 종목이 다음날 상한가로 마감하는 경우를 말하며, 공모가 기준 수익률은 338%가 된다. 만일 그 다음날도 상한가로 마감하는 경우라면 '따상상상'이라고 부른다.

**라마단 (Ramadan)** 이슬람교에서 행하는 한달 가량의 금식기간, 즉 이슬람교에서 코란이 내려진 신성한 달(9월)에 일출부터 일몰까지 매일 의무적인 단식기간.

**라이더 (rider)** ① 타는 사람. ② (어떤 것 위에) 올라타 있는 것. ③ (법률의) 추가 사항. ④ (영) (배심원의 평결에 덧붙인) 부신서(副申書).

**라이브 (Live)** 실제 음 혹은 실제 연주나 대사. 방송에서는 생방송을 말한 다. 영화나 드라마에서는 실제 연기자가 실제 장소에서 실제로 연기하 는 것을 말한다. 리얼한 느낌의 연기를 얻을 수 있는 장점이 있다.

**라이브 커머스 (live commerce)** 실시간 판매. 방송이나 인터넷의 실시간 판매 광고를 보며 구매하는 전략.

**라이선스 (License)** 행정상의 허가나 전문적인 면허. 면허장. 특허권.

**라이선스 생산 (License 生産)** 외국의 메이커 등 다른 생산업체로부터 제 품의 설계도와 제조에 관한 노하우를 제공받아 생산하는 방식. 일부 기 술도입이 아니라 전면적으로 그 메이커의 기술에 의존한다는 데 특징 이 있다.

**라이크 커머스 (Like Commerce)** 라이크 커머스란 소비자들이 SNS에서 '좋아요(Like)'를 누르는 데서 구매가 시작되는 차세대 유통시장을 통 칭한다. 기존의 생산자 주도 패러다임에서 공급망 관리가 중요했다면 라이크 커머스 시대에는 얼마나 좋은 평가를 하는 소비자가 많은가가 성공 여부를 결정하는, 수요망 관리가 주도하는 수요 견인시장이라 할 수 있다.

**라테 파파 (latte papa)** 육아에 적극적으로 참여하는 스웨덴의 아빠를 이 르는 말. 한 손에 카페라테를 들고 다른 한 손으로는 유모차를 민다고 하여 이렇게 부른다.

**라퍼, 래퍼 (laugher)** 낙승(樂勝), 큰 점수 차로 이김. 일방적인 경기(체육 용어). 웃는 사람.

**래퍼 (rapper)** 랩 음악을 하는 사람.

**래퍼 (wrapper)** ① 싸는 사람 [것]; 포장 담당원; 포장지. ② 길고 낙낙한 겉옷; 여성용 화장복 [실내복, 네글리제]. ③ (잡지 등을 우송할 때 쓰는) 띠지; (영) 책의 커버(book jacket). ④ (엽궐련의) 겉을 싸는 담뱃잎.

**래퍼 곡선 (Laffer curve)** 세율과 정부의 조세 수입 간 관계를 설명한 곡선이다. 미국 경제학자 아서 래퍼에 의해 주장됐다. 래퍼는 한 나라의 세율이 적정 수준(최적 조세율)을 넘어 비표준 지대에 놓여 있을 땐 오히려 세율을 낮춰 주는 게 경제 주체들에게 창의력과 경제 의욕을 고취해 경기와 세수를 동시에 회복할 수 있다고 주장했다.

**랜더스 (Landers)** 상륙자, 착륙자.

**랜드 마크 (land mark)** ① 멀리서 보고 위치 파악에 도움이 되는, 두드러지게 눈에 띄기 쉬운 대형 건물. ② (해양) 항로 표지의 하나. 뭍에 설치되며, 불을 켜는 장치가 없고 색깔이 칠해져 있다.

**랜선 (LAN線)** 현실 공간이 아닌 온라인상을 비유적으로 이르는 말. 예) 랜선조카―친조카는 아니지만 방송이나 인터넷 따위를 통해 관심 있게 지켜보며 조카처럼 귀여워하는 아이.

**랜섬웨어 (Ransomware)** 몸값을 뜻하는 Ransom과 제품을 뜻하는 Ware의 합성어이며, 컴퓨터 시스템을 감염시켜 접근을 제한하고 일종의 몸값을 요구하는 악성 소프트웨어의 한 종류.

**랩 (rap)** 강렬하고 반복적인 리듬에 맞춰 가사를 읊듯이 노래하는 대중음악. 주로 미국 흑인들을 중심으로 만들어졌다.

**랩소디 (Rhapsody)** 즉흥성을 중시한 악곡의 한 형식으로(주로 기악곡) 서사적, 영웅적, 민족적인 색채를 지니는 환상곡풍의 기악곡(광시곡이라고도 함).

**러그 (rug)** 주로 마루나 방바닥에 까는, 거칠게 짠 직물 제품.

**럭셔리 (luxury)** 사치. 고급품.

**레거시 (legacy)** ① '조상으로부터 물려받은 유산이나 유물'이라는 의미를 가지고 있음. ② 정보 시스템에서 낡은 하드웨어나 소프트웨어를 통

틀어 이르는 말. 새로 제안하는 방식이나 기술을 부각하는 의미로 주로
사용한다.

**레거시 미디어 (legacy media)** '과거의 유산'을 뜻하는 레거시(legacy)라
는 단어에서 알 수 있듯 전통적인 언론을 뜻한다. 전통 매체로 분류되
는 TV, 신문, 잡지, 라디오 방송 등이 속한다. 레거시 미디어가 정보를
일방적으로 대중에게 전달한다면, 인터넷으로 대표되는 유튜브, SNS
등 뉴 미디어는 상호작용성이 강하다.

**레드넥 (Redneck)** 미국에서 교외 지역의 일부 백인을 일컫는 멸칭. ※멸
칭(蔑稱) : 남을 비난할 또는 경멸할(무시할) 목적으로 비꼬기 위해서 부
르는 행위 혹은 그러한 의도가 담긴 호칭 또는 별명을 뜻한다. (참고)
레드넥이 주로 교외 지역의 백인을 대상으로 한다면 화이트 트래시는
도시 지역 백인들을 의미한다는 점에서 차이가 있다. 레드넥, 화이트
트래시 모두 강도 높은 멸칭이기 때문에 실생활에서는 주의해서 사용
해야 한다.

**레드 라인 (red line)** 금지선(한계선). 대북 정책에서 포용 정책을 봉쇄 정
책으로 바꾸는 기준선. 제네바 합의를 위반하는 핵 개발 혐의가 있을
경우, 남한에 대한 대규모 무력 도발을 반복적으로 실시할 경우 등을
포함하여 북한의 행동에 대한 리스트를 마련하였다.

**레드 오션 (red ocean)** 이미 잘 알려져 있어 치열한 경쟁을 벌여야 하는
시장. 레드 오션 시장은 산업의 경계가 이미 정의되어 있고 경쟁자의
수도 많기 때문에, 같은 목표와 같은 고객을 가지고 치열하게 경쟁을
하게 된다.

**레밍 (lemming)** 레밍(나그네쥐)은 스칸디나비아반도에 분포하는 설치류
의 일종이다. 레밍은 집단생활을 하며 아무 생각 없이 앞선 무리를 따
라 달리는 습관이 있다. 앞선 무리가 호수나 바다에 빠져 죽으면 모두

따라 죽기도 해 집단자살 습성으로 유명하다. 1980년대 초 주한미군 사령관 위컴은 "한국인들은 레밍과 같이 새로운 지도자가 등장하면 그에게 우르르 몰려든다. 한국인에게는 민주주의가 맞지 않는다"는 발언으로 한국인의 집단주의적 성향을 비하한 바 있다. 이후 레밍은 집단에 휩쓸리는 성향을 빗대는 표현으로 사용됐다. ※레밍 효과(lemming effect) − 맹목적으로 남을 따라 하는 행동을 가리킨다. 절벽에서 뛰어내려 집단자살을 하는 레밍의 습성에서 레밍 효과라는 말이 생겨남.

**레버리지 (leverage)** 레버리지는 '지렛대'라는 의미로 금융계에선 차입을 뜻한다. 빚을 지렛대로 투자 수익률을 극대화하는 레버리지는 경기가 호황일 때 효과적인 투자법이다. 이는 상대적으로 낮은 비용(금리)으로 자금을 끌어와 수익성 높은 곳에 투자하면 조달비용을 갚고도 수익을 남길 수 있기 때문이다.

**레시피 (recipe)** 음식의 조리법. (특정 결과를 가져올 듯한) 방안.

**레알 (Real)** '진짜로', '정말로'라는 뜻으로 쓰는 말. 리얼(real)을 재미있게 발음한 것에서 비롯되었다.

**레전드 (regend)** ① 전설, 전설적인 인물. ② 한 분야의 독보적인, 전설적인 대단한 사람을 극찬하는 표현을 할 때 주로 사용. ③ 대단하고, 멋지고, 감탄할 만한 상황을 표현하기 위해 사용하기도 함. ④ 어처구니가 없다, 어이없다 등의 느낌을 나타내기도 함.

**레즈비언 (Lesbian)** 여성 동애자. BC 7세기의 시인 사포가 일단의 여성을 이끌고 활동하던 에게해의 레스보스 섬에서 유래된 말이다. 고대 그리스인들은 동성연애를 허용했을 뿐만 아니라 어떤 점에서는 이성간의 사랑보다 더 고귀한 형태의 사랑으로 생각했다. 유대교와 그리스도교 문화에서는 일반적으로 동성애를 죄악시했으며, 전통적으로 대부분의 서구문화에서는 동성애를 사회적으로 받아들일 수 없는 것으로 보았다. 그러나 1948년 킨제이 보고서는 남녀 성인 모두에게 동성애적 행동이 나타난다고 주장했다. 1955년 샌프란시스코에서 최초의 레즈비언 단체인 빌리티의 딸들이 만들어졌다. 한국에서는 1994년 '끼리끼리'라는 단체가 결성됐으며, 2005년 4월 한국레즈비언상담소로 전환되어 오늘에 이르고 있다.

**레짐 (regime)** 가치, 규범 및 규칙들의 총합을 말한다. 레짐은 인간의 행태나 인간간의 상호관계를 일정한 방향으로 결정하는 틀. 정권, 체제, 정치제도 형태, 통치방식, 관리체제, 정권교체(regime change), 구제도, 구체제(ancien regime).

**레짐 체인지 (regime change)** 정권교체, 체제 변화라는 뜻으로 현 정치체계를 구축하고 있는 이념이나 가치 등 기존 지배층의 뿌리를 뽑는 정치 변동을 가리켜 레짐 체인지(regime change)라고 한다. 지배계층의 근본적 교체가 없을 경우 외부 또는 내부의 힘에 의해 권력을 교체하도록 외교적, 군사적 압박을 가하는 정치행위를 의미한다. 이라크의 사담 후세인 정권, 리비아의 무아마르 카다피 정권을 무너뜨릴 때 미국이 사용한 용어이다.

**레토릭 (rhetoric)** 다른 사람을 설득하고 영향을 끼치기 위한 언어기법, 즉 수사학(修辭學)을 말한다. '웅변의, 웅변가'라는 그리스어에서 나온 말이다. 고대 그리스의 소피스트들은 설득의 기술을 가르치기 위해 문법, 논리와 함께 수사학을 3대 학문으로 정립했다. 그러나 소크라테스와 플라톤은 수사학이 나쁜 목적으로 사용될 수 있고 진실성이 없다고 하여 이를 배격했다. 오늘날에도 레토릭은 그다지 좋은 의미로 사용되지 않는다. 실체 없이 껍데기만 현란한 말을 지칭할 때가 많다.

**레트로 (Retro)** 과거의 제도, 유행, 풍습으로 돌아가거나 따라 하려는 것을 통칭하여 이르는 말(복고주의를 지향하는 현상의 하나). 추억, 회상,

회고를 뜻하는 영어 'Retrospect'의 줄임말로 옛날의 상태로 돌아가거나 지나간 과거의 전통을 그리워하고 그것을 되살리는 흐름을 말한다. 1970년대 후반까지 레트로는 '뒤로', '되받아'의 뜻을 가진 접두어 'Pre'의 반대 의미로 사용되다 음악과 패션, 디자인 등에서 자주 등장해 하나의 현상으로 자리 잡으면서 신조어가 되었다.

**로고스 (Logos)** 말(言語)·논리(論理)·이성(理性)의 뜻이지만 철학 용어로는 만물을 지배·구성하는 질서·원리란 의미를 가지며, 이론적인 것뿐만 아니라 실천상의 도덕적 질서를 나타내는 뜻으로도 사용된다. 이성(理性) 철학적 이성적 사랑.

**로드 맵 (Road Map)** 기업·국가·국제 사회 등에서 어떤 일을 계획하거나 추진할 때 사용하며, 앞으로의 계획이나 전략 등이 담긴 구상도·청사진 등을 의미한다.

**로망 (roman)** ① 낭만(浪漫). ② (문학) 12세기 중기 프랑스에서 나타난, 주로 기사도(騎士道)를 다룬 허구적 설화 양식. 기사도의 모험담이나 무용담에 연애담이나 종교적 우화가 얽혀 있기도 하다. 고전어인 희랍어나 라틴어가 아닌, 일상어인 프랑스어로 쓰여진 것이 특징이다. 근대소설의 모태이며, 영국으로 건너가 '로맨스'가 되었다.

**로맨스 스캠 (romance scam)** 연애를 뜻하는 '로맨스(romance)'와 신용 사기를 뜻하는 '스캠(scam)'이 합쳐진 말로, 에스엔에스(SNS)나 애플리케이션을 이용해 불특정 다수의 이성에게 접근하여 상대와 계속적으로 친분을 쌓은 뒤 결혼이나 사업 따위에 자금이 필요하다며 상대에게 돈을 요구하는 사기.

**로컬 푸드 (local food)** 특정 지역에서 재배되고 가공된 농산물. 먹을거리가 생산지로부터 밥상까지 이동하는 물리적 거리를 줄이고, 생산자와 소비자의 관계도 익명성에서 벗어나 서로 관계 맺기를 통해 밥상 안전을 지키고자 하는 로컬 푸드 운동에서 비롯되었다. 한국에서는 생활협동조합, 농산물 직거래, 농민 장터 등 로컬 푸드 운동을 표방한 여러 제도들을 통해 지역 농산물이 유통되고 있다.

**로케이션 (Location)** 촬영소 밖의 실제 경치를 배경으로 하는 촬영.

**로키 (Loki)** 북유럽 신화에 나오는 불의 신이자 파괴와 재난의 가장 말썽꾸러기 신. 여러 신을 비웃고 헐뜯어 사기와 해독을 끼쳤으므로 신들에게서 쫓겨서 연어로 변신했다가 나중에 붙잡혀 뱀의 독즙을 받았다고 한다.

**롤 모델 (role model)** 자기가 해야 할 일이나 임무 따위에서 본받을 만하거나 모범이 되는 대상.

**롱디 (long distance)** 해외 취업이나 유학, 지방 근무 따위로 서로 멀리 떨어져 살면서 하는 장거리 연애.

**루저 (loser)** ① 말이나 행동, 외모가 볼품없고 능력과 재력도 부족하여 어디를 가든 대접을 받지 못하는 사람. ② 잃은 사람, 손해 본 사람, 전과자, 패전투수, 실패자.

**리걸 마인드(Legal Mind)** 법적인 문제상황을 해결할 때, 갖추어야 하는 일정한 체계나 원리를 의미한다. 즉, 이것이 법적으로는 어떻게 해결될 것인지에 대한 결론을 내리는 데 있어서 필요한 사고의 과정을 의미한다.

**리그 (league)** 여러 팀이 일정한 기간에 서로 같은 횟수만큼 시합하여 그 성적에 따라 순위를 결정하는 경기 방식.

**리디노미네이션 (redenomination)** 화폐의 단위를 변경하는 일. 구매력이 다른 새로운 화폐단위를 만들어 현재의 화폐단위로 표시된 가격, 증권의 액면가, 예금·채권·채무 등 일체의 금액을 법정비율(교환비율)에 따라 일률적으로 조정하여 새로운 화폐단위로 표기 및 호칭하는 것을 의미한다. 보통 리디노미네이션은 지속적인 인플레이션으로 인해 재화와 서비스의 교환가치를 화폐로 나타내는 숫자가 많아서 초래되는 계산 및 회계기장 등의 불편을 해소할 목적으로 시행된다. 또한 자국 통화의 대외적 위상을 높일 목적으로 시행되기도 한다. 우리나라에서는 1953년의 제1차 통화조치에 따라 100원(圓)이 1환(圜)으로, 1962년의 제2차 통화조치에 따라 10환(圜)이 1원으로 변경된 사례가 있다.

**리메이크 (remake)** 예전에 있던 영화, 음악, 드라마 따위를 새롭게 다시 만듦. 이때 전체적인 줄거리나 제목 따위는 예전의 것을 그대로 사용한다.

**리바이어던 (The Leviathan)** 영국의 철학자 토마스 홉스가 1651년 출간한 책. 리바이어던은 구약성서 욥기 41장에 나오는 바다의 괴물 이름이다. 인간의 힘을 넘는 매우 강한 동물을 뜻한다. 홉스는 국가라는 거대한 창조물을 이 동물에 비유하여 국가가 절대주권을 확립하여 인민의 안전과 평화를 달성할 것을 원하며 이 책을 편찬하였다.

**리벤지 스펜딩 (Revenge Spending)** 보복 소비. 질병이나 재난 등으로 위축됐던 소비가 한꺼번에 폭발적으로 늘어나는 현상을 뜻한다. 신종 코로나바이러스 감염증(COVID-19)의 확산으로 급감했던 소비가 해제 후 크게 늘어난 것도 보복 소비 때문으로 평가된다.

**리부팅 (Rebooting)** 운영체제의 설정을 바꾸거나 강제로 전원 버튼을 완전히 껐다 다시 켜는 것. 다시 시작, 재시작 등의 뜻으로 쓰임.

**리뷰 (Review)** ① 영어로 평론 등을 의미한다. 서평, 영화 평론, 복습을 가리킨다. ② 전체를 대강 살펴보거나 중요한 내용이나 줄거리를 대강 추려냄.

**리사이틀 (recital)** 연주자 한 사람이나 가수 한 사람이 공연하는 음악회.

**리셉션 (reception)** 어떤 사람을 환영하거나 어떤 일을 축하하기 위하여 베푸는 공식적인 연회.

**리셋 (reset)** ① …을 고쳐 놓다. 다시 맞추어 놓다. 바로 잇다. 고쳐 놓기. ② 컴퓨터 따위의 전체나 일부를 초기 상태로 되돌리는 일.

**리소스 (resource)** 인간 생활 및 경제 생산에 이용되는 노동력이나 기술 따위를 통틀어 이르는 말. 자원.

**리쇼어링 (Reshoring)** 해외에 나가 있는 자국 기업들을 각종 세제 혜택과 규제 완화 등을 통해 자국으로 불러들이는 정책을 말한다. 싼 인건비나 판매시장을 찾아 해외로 생산기지를 옮기는 오프쇼어링(offshoring)의 반대 개념이다. 해외 각국은 파격적인 세제 혜택과 부지 무상 제공 등 대대적인 인센티브를 제시하며 한국 기업 유치에 나서고 있지만, 한국은 각종 규제로 인해 리쇼어링 기업이 줄어들면서 경쟁력 약화가 우려되고 있다.

**리스크 (Risk)** 잠재적인 위험성 또는 유해성.

**리스트 (List)** ① 순서가 매겨진 항목들을 모아놓은 구조. ② 종이 따위에 여러 사항을 기억하거나 점검하기 쉽게 하기 위해서 특별한 순서에 따라 적어 놓은 것.

**리스펙트 (respect)** 존경하다. 존중. 경의.

**리얼리즘 (realism)** 이상과 공상 또는 주관을 배제하고 현실을 있는 그대로 객관적으로 묘사, 재현하려고 하는 예술상의 경향과 태도(현실주의, 사실주의, 실재론).

**리얼리티 (reality)** 자연이나 현실의 사실 혹은 실재 따위를 있는 그대로 묘사하려는 경향을 띤 특성(실재성 또는 현실성).

**리크루팅 (Recruiting)** 새로운 회원이나 신입 사원 등을 모집하거나 신병을 보충하는 것. 핵심 인재를 찾아주는 일인 헤드헌팅(Headhunting)과 유사하나 차이점이 많다. 헤드헌팅이 이미 검증한 인력을 뽑는 것이라면 리크루팅은 잠재력만을 가진 인력을 뽑는 것이다. 리크루팅은 신입 사원을 채용할 때 쓰는 말로 적합하다. 우리나라에서 헤드헌팅은 사실상 리크루팅에 가깝다. 헤드헌터에 값비싼 대가를 지불해 사람을 뽑아놓고도 제대로 관리하지 않기 때문이다. 심지어 직무 호환성이 없어 우수 인재를 썩히거나 재교육시키는 일도 있다. 헤드헌터를 통해 옮긴 지 몇 개월도 안 돼 그만두는 사람이 적지 않다. 사람 자체의 문제도 있으나 정작 사람을 뽑아놓고도 제대로 활용하지 않는 기업에도 책임이 있다는 지적이다.

**리프레쉬 (re · fresh)** ① 생기를 되찾게 하다. ② 다시 채우다. ③ ~의 기억을 새롭게 하다.

**리프팅 (lifting)** 메이컵(make up)에서 노화된 피부의 주름을 들어 올려서 팽팽하게 유지시켜 주는 것.

**리플 (Reply)** 인터넷상에서, 한 사람이 게시판에 올린 글에 대해 다른 사람이 대답의 형식으로 올리는 글. 댓글. 칭찬이나 선의의 댓글을 선플(善reply), 이와 반대의 댓글을 악플이라 함.

**리플 (Ripple)** 잔물결 모양으로 오톨도톨하게 짠 직물.

**리허설 (rehearsal)** 연극, 음악, 방송 따위의 공연을 앞두고 실제처럼 하는 연습. 예행연습.

**리히터 규모 (영어: Richter magnitude scale, (독일어 발음으로) 리히터 규모 혹은 구텐베르크─릭터 규모(Gutenberg-Richter scale))** 지진의 규모를 측정하는 그 척도로 1935년 찰스 릭터가 자신의 논문에서 '규모 척도(magnitude scale)' 라는 이름으로 처음으로 개발하였다.

**릴랙스 (relax)** ① 심적으로 안정을 취하고 휴식을 취하다. ② 세팅된 머리 모양을 풀어 주는 것. ③ (긴장, 힘 따위를) 늦추다, 힘을 빼다, (노력등을) 줄이다, 덜하다, 게을리하다.

**립스틱 효과** 경기 불황기에 오히려 가성비 좋은 기호품이나 사치품의 판매가 늘어나는 현상. 코로나 시국의 경기 불황기에 새로운 폰들이나 명품들이 더 잘 팔리는 모습으로 이해하면 될 것 같다. 1930년대 미국 대공황 시기에도 립스틱 효과를 심심치 않게 볼 수 있었는데, 립스틱의 매출이 오르는 현상에서 비롯된 이름으로 소비자의 형편에 맞는 작은 사치라고도 볼 수 있다.

**마녀사냥 (witch hunt)** 14~17세기에 유럽에서 이단자를 마녀로 판결하여 화형에 처하던 일. 마녀재판.

**마니아 (mania)** 그리스어로 광기라는 뜻. 어떤 한 가지 일에 열중하는 것, 또는 그런 사람.

**마루타 (maruta, まるた(丸太))** ① 인체 실험의 대상자를 달리 이르는 말. 제2차 세계대전 당시 일본의 세균 부대 중 하나였던 731부대에서 희생된 사람들을 가리키는 데서 온 말이다. ② (껍질을 벗기기만 한) 통나무.

**마복자 (麻腹子)** 자기의 정부가 다른 남자와 관계하여 낳은 아들. 신라인들의 문화 중 색공과 더불어 가장 신기한 것이 바로 마복자 제도이다. 신라에서는 아이의 아버지를 엄마가 정해 줄 수 있었다. 임신과 출산의 주체인 여성들은 성뿐만 아니라 아이의 혈통과 아버지를 스스로 정할 수 있었다. 그런 바탕에서 유행했던 것이 바로 마복자라는 풍속이다. 신라는 골품과 혈통의 나라였다. 여성들은 아이에게 더 좋은 신분과 후견인을 만들어주기 위해 마복자라는 선택을 할 수 있었다. 마복자란 '배를 문질러 낳은 아이'란 뜻이다. 임신한 여성은 더 높은 신분의 남성을 아이의 또 다른 아버지로 선택하는 풍속이었다. 만약 여성이 선택한 상대 남성이 여성을 받아들이면 '마례(麻禮)'라는 의식을 치르고 동침하는데 그로써 배 속의 아이는 그 남성의 마복자가 되었다. 마복자는 정식 자식과 다름없었다.

**마블 (marble)** 대리석 또는 구슬.

**마에스트로 (maestro)** ① 대음악가나 명지휘자를 이르는 말. ② 어떠한 분야에서 그 기능이나 실력이 뛰어난 사람(명가, 거장, 명수, 명인, 기벽).

**마이너리티, 미노리티 (minority)** 다른 사람들과 불평등한 대우를 받는 소수자.

**마이더스 (Midas. 그리스어−(Μιδας; 미다스))** ① 손에 닿는 것을 금으로 바꾸는 그리스 신화의 왕. ② 미사일 경보 방어 시스템. ③ 대부호.

**마조히스트 (masochist)** 신체적으로 가해지는 고통에서 성적 쾌감을 얻는 이상 성욕을 가진 사람. ↔ 매조키스트.

**마초이즘 (machoism)** 남성적 기질을 지나치게 강조하여 여성을 지배하려고 하거나 남성이 여성보다 우월하다고 주장하는 주의. 사내다운 씩씩한 남자.

**마타도어 (matador)** 상대편을 중상모략하거나 그 내부를 교란하기 위한 정치가들의 흑색선전.

**마태 효과 (Matthew effect)** 빈익빈 부익부 현상을 이르는 말. 우위를 차지한 사람이 지속적으로 우위를 차지하게 될 확률이 높은 현상을 의미한다.

**맘몬 (Mammon)** 부, 재물, 소유라는 뜻으로, 하느님과 대적하는 우상 가운데 하나를 이르는 말. 구약 성경과 신약 성경, 사해 문서, 탈무드 등에 관련된 내용이 있다. 신약에서는 특히 아무도 두 주인을 섬길 수 없듯이 하느님과 재물을 아울러 섬길 수 없다고 언급하며 경계해야 할 것으로 이야기하고 있다.

**매니지어리얼 캐피탈리즘 (managerial capitalism)** 경영자본주의.

**매조키스트 (masochist)** 상대에게 가학 당함으로써 쾌감을 느끼는 사람들의 총칭. ↔ 마조히스트.

**매직 (magic)** 마술, 마법, 주술, 마력, 이상한 힘, 요술, 기술.

**매직 스틱 (magic stick)** 마술봉, 요술봉.

**맥시멀리스트 (Maximalist)** ① 테러 행위에 의한 정권 탈취를 주창한 러시아 사회 혁명당의 무정부주의적 사회주의자. ② 목적 달성을 위해 타협 없이 직접 행동에 호소하는 사람. ③ 타협을 배제하고 최대한을 요구하는 자를 의미하지만 패션에서는 과감하게 자신의 캐릭터를 명확히 드러내는 스타일을 선호하는 자로 해석될 수 있다.

**맥시멈 (maximum)** 수량이나 정도가 최대인 것. (반대말) 미니멈 (minimum).

**맨스플레인 (mansplain)** '남자(man)'와 '설명하다(explain)'가 결합한 조어로, '남성이 여성을 기본적으로 뭔가 모르는 사람으로 규정하고 자신의 말을 일방적으로 쏟아붓는 태도'를 말한다. 미국 문화평론가 리베카 솔닛이 2008년 『LA타임스』에 쓴 에세이 「설명하는 남자들(Men who explain things)」에서 유래한 말이다. 2010년엔 『뉴욕타임스』가 선정한 올해의 단어 목록에 올랐으며, 2014년 옥스퍼드 온라인 영어 사전에 실렸다.

**머신러닝 (machine learning)**  방대한 데이터를 분석하여 미래를 예측하는 기술. 미래를 예측한다는 점에서 데이터를 분석하는 빅데이터보다 한 단계 진화한 기술이다. 컴퓨터를 활용해 막대한 양의 데이터를 통계 처리해 새로운 패턴을 찾아내는 것으로, 사람이 특정 분야를 공부한 것과 같은 통찰력을 컴퓨터가 갖게 되기 때문에 머신 러닝이라고 부른다. 우리말로 '기계 학습'이라고 한다.

**멀티 (multi)**  어떤 말 앞에 붙어서「종합」「총」「많은」「다양한」「다수의」의 뜻을 나타내는 말.

**멀티미디어 (multimedia)**  정보의 전달을 위해 컴퓨터를 사용하여 음성, 문자, 그림, 영상 등의 여러 매체들을 만들고 저장하며 전송하는 일을 하나로 통합시킨 장치나 기술.

**멀티태스킹 (multitasking)**  한 사람의 사용자가 한 대의 컴퓨터로 두 가지 이상의 작업을 동시에 처리하거나 프로그램을 동시에 구동시키는 것.

**메갈리아 (megalia)**  대한민국의 여성혐오 사이트이자 남성혐오 웹사이트임.

**메디케어 (Medicare)**  미국 정부가 시행하고 있는 사회보장제도이다. 65세 이상 혹은 소정의 자격 요건을 갖춘 사람에게 건강보험을 제공한다. 1965년 7월 30일 린든 존슨 대통령 때 제정되었다. 사회보장 관련법을 개정하면서 이 내용이 들어갔다.

**메멘토 모리 (Memento mori)**  "자신의 죽음을 기억하라" 또는 "너는 반드시 죽는다는 것을 기억하라", "네가 죽을 것을 기억하라"를 뜻하는 라틴어 낱말이다. 인생의 무상함, 오만에 빠지지 않게 하기 위한 경고

문구. 옛날 로마에서는 원정에서 승리를 거두고 개선하는 장군이 시가 행진을 할 때 노예를 시켜 행렬 뒤에서 큰소리로 외치게 했다고 한다. "메멘토 모리! "(Memento Mori!), 라틴어로 '죽음을 기억하라' 라는 뜻인데, '전쟁에서 승리했다고 너무 우쭐대지 말라. 오늘은 개선장군이지만, 너도 언젠가는 죽는다. 그러니 겸손하게 행동하라.' 이런 의미에서 생겨난 풍습이라고 한다. 한편 이러한 맥락에서 17세기 네덜란드 정물화 화풍인 바니타스 화풍도 영향받았다고 여겨진다.

**메신저 (messenger)** ① 지시, 명령, 물품 따위를 다른 사람이나 기관에 전하여 이르게 하는 사람(메시지를 전하는 사람). ② 관청 등에서 전보, 소포 따위의 송달계원을 이르는 말. (보기) 카카오 톡, 라인, 왓츠 앱, 페이스 북, 텔레그램, 스카이프.

**메이데이 (Mayday)** 항공기, 선박 등에서 사용되는 국제 조난신호. 원래는 긴급 구조를 요청하는 용도로 사용되었으나 일상에서도 '위기상황' 을 은유적으로 표현할 때 쓰이기도 함

**메이슨 (Mason)** 16세기 말에서 21세기에 발생한 인도주의적 박애주의를 지향하는 우애단체 혹은 취미 클럽. 메이슨은 세계 동포주의, 인도주의, 개인주의, 합리주의 이념을 바탕으로 상호친선, 사회사업, 박애사업 따위를 벌이는 세계적인 민간단체로 1717년 런던에서 결성하였으며 계몽주의 정신을 기저로 하였다.

**메이저 (major)** ① (체육) 미국 프로야구연맹의 최상위 두 리그. 내셔널 리그와 아메리칸 리그로 나뉘며, 양 리그의 우승팀끼리 해마다 월드 시리즈를 치른다. ② 규모가 큰 조직이나 거대한 권력 집단을 이르는 말.

**메조테라피 (meso therapie)** 주사기로 피부 밑의 세포층에 약물을 주입하는 테라피 요법.

**메커니즘 (mechanism)** ① 어떤 대상의 작동 원리나 구조. ② 문학의 구

조와 내용을 지탱하는 기교나 수법. ③ 어떤 행위를 성취하는 심리 과정. 환경에 적응하고 자아를 방어하며 욕구를 만족시키고 혼란을 해결하는 심적 기제이다. ④ (철학) 모든 현상을 물질 운동의 조합으로 환원하여 설명하려는 입장.

**메타노이아 (metanoia)**  ① 회개, 하나님께 돌아가자는 운동. ② 삶의 방식을 바꾸라는 의미.

**메타버스 (metaverse)**  가상과 초월을 의미하는 '메타(meta)'와 세계·우주를 뜻하는 '유니버스(universe)'의 합성어로 가상현실보다 한 단계 더 나아가 사회·경제적 활동까지 이뤄지는 온라인 공간이다. '가상 우주'라고 번역하기도 했다. 이는 3차원에서 실제 생활과 법적으로 인정되는 활동인 직업, 금융, 학습 등이 연결된 가상 세계를 뜻한다. 가상현실, 증강현실의 상위 개념으로서, 현실을 디지털 기반의 가상 세계로 확장시켜 가상의 공간에서 모든 활동을 할 수 있게 만드는 시스템이다. 구체적으로 정치와 경제, 사회, 문화의 전반적 측면에서 현실과 비현실이 공존하는 생활형, 게임형 가상 세계라는 의미로 폭넓게 사용한다.

**메타포어 (metaphor)**  ① 행동, 개념, 물체 등이 지닌 특성을 그것과는 다르거나 상관없는 말로 대체하여, 간접적이며 암시적으로 나타내는 일 (수사학에 있어서 은유/隱喩, 암유/暗喩). ② 정보의 전달을 빠르게 하기 위하여 전달하고자 하는 내용이나 개념을 직관적으로 알 수 있도록 하는 기법. 메타포어는 은유라는 뜻으로 사용자의 적절한 연상 작용을 유도하여 어떤 개념이나 정보를 쉽고 빠르게 전달할 수 있도록 하는 것이다. 메타포어는 사용자의 적절한 연상 작용을 유도하기 위하여 일관성 있고 직관적으로 받아들일 수 있도록 설계되어야 한다.

**메트로 (metro)**  프랑스 파리의 지하 철도.

**메트로폴리스 (metropolis)** 대체로 인구가 백만 이상이며, 정치, 경제, 정보 등의 기능을 통합하는 큰 도시(수도, 대도시, 중심지, 주요 도시).

**멘붕 (mental崩)** '멘탈(정신의, 마음의) 붕괴'를 줄여 이르는 말.

**멘셰비키 (mensheviki)** 러시아 사회민주노동당의 분파, 러시아 사회민주노동당 제2차(런던 개최) 전당대회에서 볼셰비키와 분열된 소수파. 지도자 중심의 엄격한 당을 만들자는 주장에 반대하여 개인적 활동의 자유와 점진적인 혁명을 주장하였던 러시아 사회 민주노동당의 자유주의적 온건파. ↔ 볼셰비키(다수파).

**멘탈 (mental)** 생각하거나 판단하는 정신. 또는 정신세계.

**멘털러티 (mentality)** ① 정신(활동). ② (수식어구와 함께) (주로 잘못된, 또는 어리석은) 정신적 경향. ③ 심성(心性). ④ 사물을 보는 관점.

**멘토 (mentor)** 멘토란 어휘는 그리스 신화에서 오디세우스가 트로이 전쟁을 위해 떠나면서 자신이 없는 동안 아들 테리마커스를 보호해 주도록 부탁했던 지혜로운 노인의 이름에서 비롯되었고 오늘날 조직에서 도움을 주는 사람을 멘토(mentor)라 한다. 즉 멘토란 조직에서 후진들에게 조언과 상담을 주고 도움을 주는 사람이라 할 수 있다. 도움을 받는 사람을 멘티(mentee) 또는 프로티제(protege)라고 한다. 우리말로 멘토와 관련 있는 단어로 선생님, 선배님, 후원자, 호칭으로서 형님이나 언니를 들 수 있다.

**멘토링 (mentoring)** 경험과 지식이 풍부한 사람이 특정한 사람에게 지도와 조언을 하면서 실력과 잠재력을 개발시키는 활동.

**멘트 (announcement)** 방송이나 예식 등에서 진행자나 사회자가 상황에 맞게 하는 말. (의견을) 말하다, 언급하다, 공지하다, 발표하다, 방송하다, 라는 뜻으로 쓰인다.

**멜트다운 (meltdown)** 원자로 중심부에 있는 핵연료 다발이 녹아내리는 현상. 냉각재 누출사고 등을 이유로 원자로 내부 온도가 상승하면서 발생한다.

**모놀로그 (monologue)** 독백, 장광설, 일방적인 이야기.

**모니터링 (monitoring)** 언론사나 생산업체의 의뢰를 받아 방영된 내용이나 기사를 보거나 제품을 이용한 뒤 그에 대한 의견이나 그 반향을 보고함.

**모더니즘 (modernism)** 기존의 도덕, 권위, 전통 등을 부정하고, 새롭고 혁신적인 문화의 창조를 추구하는 예술상의 경향과 태도. 현대적인 취미나 유행을 좇는 경향.

**모더니티 (modernity)** 예술 사조로서의 모더니즘에 드러나는 근대적인 특징이나 성향. 근대성. 모더니티 맨(modernity man)-근대적 인간.

**모듈 (module)** 프로그램 내부를 기능별 단위로 분할한 부분. 기계 또는 시스템의 구성단위이다. 복수의 전자부품이나 기계부품 등으로 조립되어 특정 기능을 하는 부분장치를 말한다. 컴퓨터, 전자기기 등이 복잡해짐에 따라 정보교환이나 부품개발을 쉽게 하기 위해 제품과 부품의 중간적인 장치로 모듈이라는 개념을 도입했다. 컴퓨터 시스템에서 중앙처리장치, 주기억장치, 입출력장치 등을 각각 하나의 모듈이라 할 수 있다. 컴퓨터뿐만 아니라 각종 기기 및 업무 처리에 있어서도 모듈 개념이 도입돼 활용되고 있다.

**모리아티 (Moriarty)** 명석하고 미친 천재.

**모멘텀 (momentum)** ① 물리학의 용어로 운동량, 추진력을 말한다. 기하학에서는 곡선 위 한 점의 기울기를 말함. ② 주가가 상승하고 있을 때 얼마나 더 상승할 것인지, 또는 주가가 하락하고 있을 때 얼마나 더 하락할 것인지를 나타내는 지표.

**모바일 (Mobile)** 정보통신에서 이동성을 가진 것을 통틀어 이르는 말.

'움직일 수 있는' 이라는 뜻임. 즉 정보통신에서 모바일은 스마트폰과 태블릿 PC 등과 같이 이동 중 사용이 가능한 컴퓨터 환경을 뜻한다.

**모짝** 무엇이나 있는 대로 한 번에 다 몰아서.

**모티브 (motive = motif)** ① 어떤 사물을 움직이는 데 근원이 되는 동력. ② 예술 작품에서, 창작 동기가 되는 작가의 중심 제재나 생각.

**몬스터 (monster)** ① (이야기 속의) 괴물, 괴수, 잔악무도한 인간. ② 주로 온라인 게임에서, 사람이 아닌 살아 있는 생명체를 이르는 말. 그 생김새가 괴상한 경우가 많다.

**무슬림 (Muslim)** 이슬람교를 믿는 사람.

**무슬림 형제단** 1987년 반이스라엘 전쟁을 주도하면서 원리주의 조직인 하마스를 창설, 이슬람 국가 건설 운동 전개.

**문화바우처** 정부가 일정한 조건이나 상황에 맞는 수혜자에게 공연이나 전시 관람 따위의 문화 활동을 누릴 수 있도록 그 비용을 직접적으로 보조해 주는 사업(연간 5만원 한도 내에서 지원함).

**뮤테이터 (mutator)** 전반적인 돌연변이 비율을 증가시키는 유전자. 디엔에이(DNA)의 복제 과정에서 착오를 일으키는 디엔에이 폴리머라제를 만들어 돌연변이를 일으킨다.

**미네르바 (Minerva)** 로마신화에 나오는 공예, 직업, 예술의 여신. 나중에는 전쟁의 여신이 되었다. 일반적으로 그리스의 아테나 여신과 동일시된다.

**미니멀리스트 (minimalist)** 군더더기 없이 단순한 요소를 통해 최대 효과를 이루려는 사고방식을 지닌 예술가로, 미니멀리즘을 선호하는 패셔니스타들도 이의 범주에 속할 수 있다.

**미니멀리즘 (minimalism)** 장식적인 요소를 일체 배제하고 표현을 아주 적게 하는 문화 예술 기법이나 양식. '최소한도의, 최소의' 라는 뜻의

'미니멀(minimal)'에 '주의'라는 의미의 '이즘(ism)'이 결합된 단어로 단순함을 추구하는 예술을 뜻한다. 미니멀리즘은 1960년대에 미술 등 시각 예술 분야에서 최소한의 도구를 이용해 본질만 남기자는 의도로부터 시작되었다.

**미디어렙 (media rep)** 방송광고 판매대행 사업자. 미디어(media)와 대표자(representative)의 합성어로, 방송사의 위탁을 받고 광고주에게 광고를 판매해 판매대행 수수료를 받는 회사를 말한다.

**미션 (mission)** ① 해야 할 중요한 일. ② 각종 원동기에서 회전축의 회전속도나 회전력을 바꿔주는 장치.

**미션 스쿨 (mission school)** ① 기독교 단체에서 교육과 전도사업을 목적으로 운영하는 학교. ② 전도사를 양성하는 학교.

**미션 임파서블 (Mission Impossible)** 불가능한 일. *미션-외국에 파견되는 사절단, 대표단. *임파서블-불가능한, 도저히 믿기지 않는.

**미스매치 (Mismatch)** 두 가지 이상의 것이 서로 잘 어울리지 않는 모양. 또는 그런 상태(부적합한 짝).

**미시감 (未視感; jamais vu)** 기억 오류의 특수한 형태. 지금 보고 있는 것은 모두가 처음 보는 것이라고 하는 의식. 종종 기억상실이나 간질에 의해 생길 수도 있다.

**미프 (mif)** 부질없는 싸움. 승강이; 불끈 화를 냄.

**바리스타 (Barista)** 바리스타는 이탈리아어로 '바에서 커피를 만드는 사람' 이라는 뜻이다. 바리스타는 일반적으로 커피 만드는 전 과정을 담당한다. 원두 선택과 로스팅, 여러 종류의 원두를 섞어 풍부한 맛이 나도록 조합하는 블렌딩이 바리스타가 하는 일이다. 블렌딩을 먼저 할지 로스팅을 먼저 할지는 바리스타가 결정한다. 이후 볶은 원두를 그라인더를 이용해 간 뒤 에스프레소 머신에 넣어 액을 추출하면 커피의 기본이라 할 수 있는 에스프레소가 완성된다. 바리스타는 에스프레소에 우유 등을 첨가하여 카푸치노, 카페라떼 등의 커피 메뉴를 만들기도 한다. 바리스타에게는 높은 수준의 커피에 대한 경험과 지식, 숙련된 기술이 요구된다. 우리나라는 2003년에 '한국 바리스타 챔피언십' 대회가 처음 개최되기도 했다.

**바우처 (voucher)** 지불보증서, 일정한 조건을 갖춘 사람의 교육, 주택, 의료 따위의 복지 서비스를 이용할 때 정부가 비용을 대신 지급하거나 보조하기 위하여 내놓은 지불보증서로 상품권, 할인권, 쿠폰이 있다.

**바이링구얼 (Bilingual)** ① 두 언어에 통달한 사람. ② 두 언어를 자유로이 구사하는. ③ 두 언어로 말한.

**바이백 (buy back, self tender; 자사주 매입)** 상장법인이 자기명의와 계산으로 자사발생 주식을 취득하는 것이다. 1998년 개정된 증권거래법에 의하면 모든 상장사는 자기자본에서 자본금과 법정 적립금 준비금을 뺀 나머지 재원으로 얼마든지 자사주를 매입할 수 있다. 이는 IMF 이후 국내인은 물론이고 외국인에게도 적대적M&A가 전면 허용됨에 따라 기업주의 적절한 방어대책으로 도입된 것이다.

**바이콧 (Buycott)** 보이콧의 반대 개념으로, 어떤 물품을 사는 것을 권장하는 행동을 말한다. 예를 들면, 이스라엘에 대한 보이콧이 일어났을 때 바이콧이 일어나기도 하였다.

**바이탈리티 (vitality)** 활력, 생명력, 생기, 지속력.

**백래시 (backlash)** ① 서로 물리는 기계 부분 사이의 상대적인 움직임으로 양자 사이의 결합이 단단하지 않을 때 생기는 현상. 백래시가 있는 동력 전달 장치의 응답에서는 히스테리시스 현상이 나타난다. ② 백래시는 급격한 사회·정치 변화에 따라 대중으로부터 나타나는 반발을 말한다. 주로 인권 운동이나 페미니즘, 동성혼 등 진보적인 변화로 인해 영향력이나 권력이 줄어든다고 느끼는 기득권 세력이 집단 반발하며 반격하는 현상을 나타낸다. 백래시의 형태는 의견 개진부터 시위, 폭력적 행동까지 다양하다. 그 예로 2016년 도널드 트럼프 미국 대통령 당선을 자유주의자들이 내세우는 정치적 올바름에 대한 극우층의 백래시로 해석하기도 한다.

**백업 (backup)** ① 작업 중의 실수로 인한 데이터의 소실에 대비하여 원본을 따로 복사하여 저장하는 일. ② (체육) 야구에서, 수비하는 선수의 실책에 대비하여 그 뒤에서 다른 선수가 뒤를 받쳐 수비하는 일.

**뱀파이어 (Vampire)** ① 흡혈귀, (흡혈귀처럼) 남을 등쳐먹는 사람, 독부. ② 죽은 후에 다시 살아난 악령으로 살아 있는 인간이나 짐승의 피로 생명을 연명하는 존재를 가리킨다.

**버닝 (burning)** ① 무엇인가에 열광하며 열정적으로 빠짐. ② 롬에 전기를 가하여 내용을 기록하는 행위를 지칭. 롬을 굽는다고 한다. ③ 금속 재료를 과열로 가열하면 국부적으로 용해하기 시작하는 것을 말한다.

**버라이어티 (Variety)**  연극 분야에서 노래, 곡예, 연극 등이 다양하게 구성된 혼합 연예.

**버블 (bubble)**  ① 거품. ② 투자, 생산 따위의 실제의 조건이 따르지 않는데도 물가가 오르고 부동산 투기가 심해지고 증권 시장이 가열되면서 돈의 흐름이 활발해지는 현상.

**버스킹 (Busking)**  사람들이 많이 다니는 길거리에서 여는 공연. 공공장소에서 하는 모든 공연이 버스킹에 속하지만, 주로 음악가들의 거리 공연을 뜻하는 말로 쓰인다. 버스킹을 하는 사람은 버스커(Busker)라 한다. 버스커가 공연을 하면 거리를 지나는 시민들이 자발적으로 일정 금액을 기부하는 것이 일반적이다. 버스킹이란 말이 언급되기 시작한 것은 1860년대 영국에서다. 버스킹(Busking)은 영어로 '공연하다' 라는 뜻의 '버스크(Busk)' 에서 유래했다. 버스크의 어원은 '찾다, 수색하다, 구하다' 라는 뜻의 스페인어 '버스카르(Buscar)' 다. 당시의 버스킹은 거리 공연뿐 아니라 고용인을 찾는다는 의미를 가지고 있었다. 부랑인들이 구걸 대상을 찾는 행위를 뜻하는 말로 쓰였기 때문이다. 부랑자나 떠돌이들은 거리에서 공연하고 돈을 받아 생계를 유지했다.

**버전 (Version)**  ① 기존의 프로그램이나 시스템을 수정하거나 개선하여 완성한 것. ② 번역, 번역서, 번역문, 판, 형태, 본.

**버전업 (version up)**  소프트웨어 기능의 추가, 성능 향상 등에 따라 프로그램이나 매뉴얼을 점차 개정해 가는 것. 최근의 것이 어디에 있는지를 항상 파악해 두기 위해 번호를 부여하는데, 최초의 것을 버전 1로, 이후 개정할 때마다 버전 2, 버전 3식으로 번호를 늘려 간다.

**버츠켈리즘 (Butskellism)**  1950년 영국 보수당 정부 재무부 장관이었던 버틀러(Butler)와 뒤이은 노동당 정부의 재무부 장관이었던 가이츠켈(Gaitskel)의 이름을 합친 버츠켈리즘은 보수와 진보 정부 사이의 상당한 수준의 정책적 수렴과 합의가 이루어졌던 시대를 의미한다. 즉 보수 정부는 진보의 복지정책을 과감히 수용하고 진보는 급진적인 반시장 철학을 포기하고 자본주의 체제가 영국 사회의 근간임을 인정.

**버킷 (bucket)**　① 기중기에 매달려 흙, 모래, 석탄, 자갈 등을 담아 올려 운반하는 기구. ② 기억 장치에서 어떤 종류의 레코드를 몇 개씩 묶은 것을 기억하는 장소. 해시함수(hashing function)에 의해 계산된 주소(버킷 주소)에 레코드 키를 저장하기 위해 마련된 기억장소를 말하며, 대개 한 개 또는 여러 개의 레코드를 저장할 수 있는 슬롯(slot)으로 구성된다.

**버킷 리스트 (bucket list)**　① 죽음을 앞둔 사람이 죽기 전에 하고 싶은 일을 적은 목록. ② 달성하고 싶은 목표 목록.

**버프 (buff)**　① 철제품이나 단단한 물건들을 윤이 날 수 있도록 닦는 데 사용되는 기구. ② 각종 게임에서 캐릭터 능력치를 일시적으로 상승시켜 주는 효과. ③ 자신에게 도움을 주는 모든 것.

**벌스 (Verse)**　① '구절' 또는 '시구(詩句)'를 의미하며 시와 노래의 구성요소로 쓰임. ② 주로 음악과 문학에서 특정한 형식이나 리듬을 가진 구성단위로 사용되며, 노래 가사나 시에서 중요한 역할을 함. ③ 음악에서의 벌스는 노래의 이야기나 메시지를 전달하는 중요한 부분으로, 멜로디가 단조롭거나 조용한 경우가 많아서 가사 전달이 명확함.

**법고창신 (法古創新)**　옛것을 본받아 새로운 것을 창조한다는 뜻으로 옛 것에 토대를 두되 그것을 변화시킬 줄 알고, 새것을 만들어가되 근본을 잃지 않아야 한다는 뜻.

**벙커 버스터 (Bunker Buster)**　지하에 있는 벙커(Bunker) 등의 군사시설을 폭격하기 위한 폭탄. 벙커(Bunker)란 군사적 목적으로 제작한 방공호(防空壕)를 이른다. 방공호는 공중에서 가해지는 폭격을 차단해 인원이나 물자를 보호하기 위한 시설로 지하에 만들어 은폐하는 경우가 많다. 버스터(Buster)는 '파괴하는 사람, 파괴하는 것'을 뜻한다.

**베어 마켓 (Bear Market)** '베어 마켓'은 주가를 비롯한 자산 가격이 하락하고 있거나 하락할 것으로 예상하는 약세장을 뜻하는 말로, 하락장을 '곰'에 비유한 말이다. 즉, 베어 마켓은 곰처럼 매우 느린 '거래가 부진한 약세 시장'을 의미한다.

**베이비 부머 (Baby Boomer)** 한국전쟁 직후인 1955년부터 가족계획정책이 시행된 1963년까지 태어난 세대. 1970년대 말~1980년대 초에 사회생활을 시작한 베이비 부머들은 경제성장에 엄청난 영향을 끼친 한국 경제발전의 주역들이다. 하지만 최근 베이비 부머의 자녀 세대들이 취업난을 겪으면서 취업과 결혼이 늦어져, 베이비 부머세대는 노부모 부양에 대한 부담과 함께 자녀에 대한 지출의 부담까지도 지게 됐다.

**베프 (BF)** 베스트 프렌드(Best Friend)의 줄임말로 서로 뜻이 잘 맞으며 매우 친한 친구를 이르는 말.

**벡터 (Vector)** ① 크기와 방향을 동시에 가지는 물리적 양. ② 벡터는 평행 이동할 수 있다. ③ 벡터는 합성하거나 분해할 수 있다.

**벤치 마킹 (bench marking)** 기업들이 특정 분야에서 뛰어난 업체를 선정해서 상품이나 기술, 경영 방식을 배워 자사의 경영과 생산에 합법적으로 응용하는 것.

**변곡점 (變曲點)** 곡선이 요(凹)에서 철, 또는 철(凸)에서 요로 바뀌는 자리를 나타내는 점.

**보너스 (bonus)** 관청이나 회사에서 월급과는 별도로 업적이나 공헌도에 따라 직원에게 주는 돈.

**보텀 업 (bottom up)** 『정보·통신』 말단에 가까운 낮은 레벨에서부터, 순차적으로 상위 쪽으로 일을 진행하는 방식.

**보텀업 마케팅 (bottom up Marketing)** 기업이 먼저 전략을 결정하고 그것을 실현해 내는 구체적 방법들(전술)을 찾아내는 방식. 즉 위로부터 아래로 마케팅 전략을 개발하는 톱다운 방식의 반대개념으로 아래로부터 위로 올라가는 역발상 마케팅 방법론이다.

**보헤미안 (Bohemian)** 사회 관습에 거리낌 없이 방랑하면서 자유분방한 생활을 하거나 그러한 성향을 가진 사람.

**볼셰비키 (Bol'sheviki)** 다수파(多數派)란 뜻. 러시아 사회민주노동당 정통파의 별칭. 모범적인 공산주의자. 과격한 혁명주의자. ↔ 멘셰비키 (소수파).

**부라퀴** 몹시 야물고 암팍스러운 사람. 자신에게 이로우면 기를 쓰고 덤비는 사람.

**부메랑 효과 (boomerang 效果)** 선진국이 개발도상국에 원조를 하거나 자본을 투자하여 생산한 물품이 현지의 수요를 초과하여 선진국에 역수출됨으로써 선진국의 해당 산업과 경쟁하게 되는 일.

**부스터 샷 (booster shot)** 부스터 샷이란 백신의 면역 효과를 강화하거나 효력을 연장하기 위해 일정 시간이 지난 뒤 추가 접종을 하는 것을 의미한다. 2020년 말부터 접종이 시작된 코로나19 백신의 경우 화이자·모더나 등 대부분의 백신이 2번 접종하는 방식인데, 여기에 한 번 더 추가해 3차 접종을 하는 것에 해당한다. 부스터 샷은 미국에서 코로나19 백신을 마친 접종자가 면역을 보강하기 위해 12개월 내 3차 접종을 해야 한다는 목소리가 나오면서 전 세계의 이목을 집중시켰다.

**부캐 (副character)** 副(부)＋character(캐릭터, 성격)를 짧게 '부캐'라고 줄인 신조어(두 번째 캐릭터).

**불링 리더십 (Bullying Leadership)** 약자를 괴롭히고 비윤리적이고 폭압적인 리더십.

**불마켓 (Bull Market)** 장기간에 걸친 주가 상승이나 강세장은 '불 마켓'이라고 하며 '황소'에 비유한다.

**뷰 (view)** ① 보기, 견해, 관점, 전망. ②『정보·통신』컴퓨터 그래픽스에서 3차원 객체의 가능한 표현 가운데 하나.

**브나로드 운동 (Vnarod 運動)** 민중 속으로의 뜻. 1870년대 러시아에서 청년 귀족과 학생들이 농민을 대상으로 사회 개혁을 이루고자 일으킨 계몽 운동.

**브라이드 (bride)** ① 신부, 새색시(어린 아내). ② (재봉) 레이스 따위를 잇는 끈. 모자의 장식 끈.

**브라이트 (bright)** 밝은, 눈부신, 빛나는, 선명한.

**브래들리 효과 (Bradley Effect)** 선거 전 여론조사에서 지지율이 높게 나왔던 유색인종 후보가 실제 선거에서는 득표율이 낮게 나오는 현상. 미국에서 선거 전 여론조사에서 지지율이 우세하였던 비 백인 후보가 실제 선거에서는 조사보다 낮은 득표율을 얻는 현상이다. 이는 백인 유권자들이 인종적 편견을 숨기기 위해 여론조사 때는 비백인 후보를 지지한다고 답한 뒤 실제 투표장에서는 백인 후보에게 투표하기 때문에 발생하는 현상으로 알려져 있다. 2000년대 이후로는 인종에 대한 투표 차이가 완화되고, 여론조사 기법도 발달하면서 이러한 현상은 거의 나타나지 않고 있다.

**브레인스토밍 (brainstorming)** 원래 의미는 '정신병 환자의 두뇌가 미친 상태'인데, '여러 사람이 모여 토론할 때 적용하는 기법'을 뜻하게 되었다. 토론 중 서로 반대를 위한 반대를 막으면서 자유롭게 의견을 낼 수 있도록 하여 집단의 효과를 살리고 아이디어의 연쇄반응을 얻을 수 있는 회의 진행 기법이다.

**브로맨스 (bromance)**  미국에서 시작된 단어로서 형제를 뜻하는 브라더 (brother)와 로맨스(romance)를 조합한 신조어이다. 남자와 남자 간의 애정을 뜻하는 단어로 우정에 가까운 사랑을 의미한다. 단순히 진한 우정에서부터 깊게는 로맨틱한 분위기가 가미되기도 하지만 성적인 관계를 맺지 않는다는 것이 특징이다.

**브로커 (broker)**  ① 다른 사람의 의뢰를 받아 그를 대신하여 상행위를 하고 쌍방으로부터 수수료를 받는 사람. ② 사기성이 있는 거간꾼.

**브리핑 (briefing)**  요점을 간추린 간단한 보고나 설명 또는 그런 보고나 설명을 위한 문서나 모임.

**브이노믹스 (V-nomics)**  바이러스(Virus)와 이코노믹스(Economics)가 결합한 단어로 바이러스로 인해 바뀐, 그리고 앞으로 바뀌게 될 경제를 통칭하는 말.

**블라인드 채용 (Blind 採用)**  입사 지원서에 신체조건, 학력 등을 기재하지 않아 차별적 요소를 배제하고 채용하는 방식(블라인드-눈을 가리는 물건. 창에 달아 볕을 가리는 물건. 가리개).

**블랙아웃 (Blackout)**  도시나 넓은 지역의 전기가 동시에 모두 끊기는 최악의 정전사태를 일컫는 전기용어.

**블랙 컨슈머 (Black consumer)**  악성을 뜻하는 블랙(black)과 소비자를 뜻하는 컨슈머(consumer)의 합성 신조어로 악성 민원을 고의적, 상습적으로 제기하는 소비자를 뜻하는 말이다. 예를 들면, 물건을 오랜 기간 사용하고 물건에 하자가 있다고 환불이나 교환을 요구하고, 멀쩡한 음식물에 고의적으로 이물질을 넣어 보상금을 챙기는 사람들이 블랙 컨슈머에 해당된다고 볼 수 있다. 상품의 특성상 공산품에 비하여 식료품을 대상으로 하는 경우가 많다. 기업들은 제품이나 기업 이미지 손상을 우려하여 블랙 컨슈머들의 상식 밖의 무리한 요구나 불만을 수용해야 하는 곤란한 처지에 놓이기도 한다.

**블러핑 (bluffing)** ① 게임에서 자신의 패가 좋지 않을 때, 상대를 속이기 위하여 허풍을 떠는 전략. ② 허풍떨다, 허세부리다.

**블로그 (blog)** 자신의 관심사에 따라 자유롭게 칼럼, 일기, 취재 기사 등을 올리는 웹 사이트. 블로그는 웹(web)과 로그(log)의 줄임말. 새로 올리는 글이 맨 위로 올라가는 일지 형식을 띄는데 이것이 log의 형식과 유사하여 블로그라는 이름이 붙게 되었다.

**블록버스터 (Blockbuster)** 초대형 폭탄이란 뜻으로 세계 2차 대전에 영국 공군이 쓰던 4.5 톤의 거대한 폭탄의 이름이다. 그 후 헐리우드에서 대히트작들을 일컬을 때 블록버스터를 쓰기 시작했다. 그 이후로부터 블록버스터란 영화 중 대히트작 등을 말할 때 쓰이게 됐다.

**블록체인 (block chain)** ① 두 장의 링크 판 사이에 블록을 끼우고 이들을 핀으로 연결하여 만든 전동용 체인. 주로 짐을 옮겨 싣는 데에 쓴다. ② 분산 컴퓨팅 기술 기반의 데이터 위변조 방지 기술이다(Bitcoin-암호화폐).

**블루스 (blues)** 19세기 중기부터 미국의 흑인들 사이에서 발생한 음악 양식.

**블루오션 (Blue ocean)** 현재 존재하지 않거나 잘 알려져 있지 않아 경쟁이 치열하지 않은 유망한 시장. 차별화와 저비용을 통해 경쟁이 없는 새로운 시장을 창출하려는 경영 전략. ↔ 레드오션(Red ocean).

**블링블링하다 (bling-bling하다)** ① 반짝반짝 빛이 나는 데가 있다. ② 반짝이는 장신구 따위로 멋을 내어 화려하다.

**비거니즘 (Veganism)** 완벽한 채식주의. 육류와 생선은 물론 우유와 동물의 알, 꿀 등 동물로부터 얻은 식품을 일체 거절하는 채식주의를 지칭함.

**비르투스 (Virtus)** 각자가 지닌 기술이나 능력.

**비보 (裨補)** 풍수적으로 부족한 것을 인위적으로 보완하는 것.

**비시이 (BCE - Before Common Era. 유사 이래 /Before Christian Era)** 기원전(BC: 예수 탄생 전), CE-기원후. ※ BC : 기원 원년 이전, 예수가 태어난 해를 원년으로 하는 서력기원 전. ※ BCE : 기원전(미 · 영식)-E는 Era-역사적 의의 또는 중요한 사건에 의하여 구분된 시대, 어떤 특징을 가진 시대, 시기, 연대. ※ AD(Anno Domini의 약칭) 서력기원 = CE(Common Era). ※ 오늘날 용어 BCE = BC, CE = AD.

**비엔날레 (Biennale)** 비엔날레는 이탈리아어로 '2년마다' 라는 뜻으로, 2년마다 열리는 국제 미술전을 말한다(대규모 국제 전시회). 세계 3대 비엔날레로 이탈리아의 베네치아비엔날레, 브라질의 상파울루비엔날레, 미국의 휘트니비엔날레가 있다. 그중 베네치아비엔날레는 '미술계의 올림픽' 으로 불리는 국제 현대미술 전시회다. 한국은 1995년 광주비엔날레를 처음 개최했다. 국제비엔날레 행사들은 고전미술의 흐름보다는 아방가르드, 추상표현주의, 팝아트 등 세계 미술계에 떠오르는 새로운 사조들을 조명하며 현대미술의 흐름이 주를 이룬다. 한편, 한국은 베네치아비엔날레에 아시아에서 일본에 이어 두 번째로 영구 국가관을 가지고 있다.

**비욘드 (beyond)** ① (장소) …의 저편에(서). ② (시간) …을 지나서(past, after). ③ (범위 · 한도) …을 넘어서. ④ (멀리) 저쪽에.

**비주얼 (visual)** 사람의 얼굴이나 머리 모양, 차림새 등의 외모.

**비하인드 스토리 (behind story)** 어떤 일에 얽힌 알려지지 아니한 이야기 (뒷이야기).

**빅텐트 (big tent)** 빅텐트는 서로의 이해에 따라 특정 계급이나 이념에 한하지 않고 여러 정치 세력의 힘을 한데 모으는 연합 정치를 말하며, 포괄정당(catch all party)이라고도 한다. 빅텐트는 대선이나 총선의 승패를 가르는 중도층과 상대 후보의 유권자의 마음을 돌리기 위해 주로 사용하는 방식이다. 그러나 정치적인 야합으로 볼 수 있어 반대 효과를 얻을 수도 있다.

**빈티지 (vintage)** ① 일반적으로 낡은 스타일을 지칭하는 개념. 구식의 느낌과 남루하고 초라한 개성을 포괄적으로 의미하는데 오늘날에는 틀에 박힌 것을 탈피하고 빈곤과 여유를 강조하는 경향을 뜻하는 용어로 쓰인다. 빈티지는 소외된 것에 미적 가치를 부여하는 흐름으로 한편으론 현대 물질주의에 대한 반항의 표현이기도 하다. ② 포도를 수확한 해에 정평이 있는 양조원에서 만들어, 포도의 생산 연도를 라벨에 명시한 포도주.

**빌드 업 (build up)** 건물을 쌓아 올리다. 체력 등을 증진시키다. 재력이나 명성 등을 쌓아 올리다.

**빌런 (villain)** ① 특정한 취미나 사물 따위에 집착하여 독특한 행동을 하는 사람을 이르는 말. 이 용어는 라틴어 '빌라누스(villanus)'에서 유래된 말이다. 빌라누스는 고대 로마의 농장 '빌라(villa)'에서 일하는 농민들을 가리킨다. 빌라누스들이 차별과 곤궁에 시달리다 결국 상인과 귀족들의 재산을 약탈하고 폭력을 휘두르게 됐다는 이야기가 전해진다. 여기서 의미가 확장돼, 창작물 등에서는 빌런을 '악당'이라는 의미로 사용하기 시작했다. ② 기숙사 생활을 함께하기 힘든 유형의 사람들을 부르는 말.

**삐에로 (Pierrot)** ① 연극이나 서커스에 등장하는 어릿광대. ② 피에로(Pierrot)의 비표준어로 전통 프랑스 극에 나오는 슬픈 얼굴을 한 남자, 원래 이탈리아의 코메디아 델라르테에 등장하던 전형적 인물.

**사이드카 (Sidecar)** 선물가격이 전일 종가 대비 5%(유가증권시장), 6%(코스닥시장) 이상 급등 혹은 급락한 상태가 1분간 지속될 경우 현물시장에 대한 영향을 최소화하기 위해 주식시장의 선물 및 현물 매매를 5분간 중단시키는 조치다.

**사이버 불링 (Cyber Bullying)** 가상공간을 뜻하는 사이버(cyber)와 집단 따돌림을 뜻하는 불링(bullying)에서 생겨난 신조어로 사이버상에서 특정인을 집단적으로 따돌리거나 집요하게 괴롭히는 행위를 말한다. 이메일, 휴대전화, SNS 등 디지털 서비스를 활용하여 악성 댓글이나 굴욕스러운 사진을 올림으로써 이루어지는 개인에 대한 괴롭힘 현상을 의미한다. 사이버 불링은 직접 만나서 대면하고 이루어지는 괴롭힘이 아니라 여러 가지 복합적인 커뮤니케이션 방식에 의해 다양하게 이루어질 수 있고, 확산이 빠르며, 가해자를 파악하기 힘들기 때문에 처벌조차 어렵다는 점에서 과거의 집단 따돌림과 차이가 있다.

**사이코패스 (psychopath)** 생활 전반에 걸쳐 다른 사람의 권리를 무시하거나 침해하는 성격적 장애를 일컫는다. 반사회성 성격 장애라고 불리기도 한다. 평소에는 정신병질이 내부에 잠재되어 있다가 범행을 통하여서만 밖으로 드러나기 때문에 주변 사람들이 알아차리지 못하는 것이 특징이다.

**사커 맘 (soccer mom)**  전형적인 미국의 중상류층이면서 여유롭게 사는 백인 엄마. 초기에는 미니밴에 자녀를 태워 학교와 스포츠 클럽에 등하교를 시켜 주는 열성적인 엄마만을 뜻하였으나 지금은 자녀의 조기 교육 따위에 열심인 엄마의 의미로 쓰인다.

**살라미 전술 (salami 戰術)**  하나의 과제를 여러 단계별로 세분화하여 하나씩 해결해 나가는 협상전술의 한 방법으로 얇게 썰어 먹는 이탈리아 소시지 살라미에서 따온 말.

**삼팔육세대 (386世代)**  386세대는 1990년대 후반에 만들어진 말로, '30대, 80년대 학번, 60년대 생인 세대'를 말한다. 주로 1980년대에 학생운동을 통해 민주화운동을 경험한 세대를 통칭한다. 시간이 지남에 따라 2020년 기준으로는 586세대로 쓰이기도 하며, 나이대를 빼고 86세대라고도 한다.

**상화하택 (上火下澤)**  주역에 나오는 말로 위에는 불, 아래는 연못이라는 뜻으로, 불이 위에 놓이고 연못이 아래에 놓인 모습으로 사물들이 서로 이반하고 분열하는 현상을 비유한 말로 끊임없는 전쟁, 비생산적인 논쟁, 지역 이념 갈등 등 우리사회의 소모적인 분열과 갈등, 사회 양극화 등을 반영하여 2005년 200명의 교수들이 채택한 사자성어(四字成語)였다.

**새디스트 (sadist)**  남을 괴롭히거나 남의 고통을 보며 쾌락을 느끼는 사람.

**샤이 (shy)**  ① 뒷걸음을 치다. ② …을 피하다(shun). ③ 꽁무니 빼다. ④ 빗나가게 하다.

**샤이 보수 (shy 保守)**  여론조사 따위에서 자신의 정치적 성향을 밝히지 않지만, 실제로 보수를 지지하는 유권자를 이르는 말. ↔ 샤이 진보, 샤이 중도.

**샬롬 (shalom)**  히브리어로 평화, 평안을 의미하는 말로 일반적인 히브리어 인사 중 하나로 '안녕하세요', '잘 가세요'에 해당한다.

**서밋 (summit)** ① 정상 회담. ② 최고봉. ③ 지도자.

**서바이벌 (survival)** 생존, 살아남기, 존속이란 뜻이다. 서바이벌 프로그램이란 방송에서 노래, 연기, 춤 따위의 한 분야에 가장 뛰어난 사람을 뽑기 위하여 출연자 간에 경쟁을 붙이는 프로그램이다. 출연자들이 탈락하고 최후의 한 사람이 남게 되는 과정을 보여 준다.

**서발턴 (Subaltern)** 17세기에 군대 내의 하급 사관 혹은 낮은 서열에 있는 자를 가리키는 말로 사용되기 시작했다. 이 용어는 국내에서 '하층민' 혹은 '하위 주체'로 번역되기도 한다.

**서브프라임 모기지 (subprime mortgage)** 신용도가 일정 기준 이하인 저소득층을 상대로 한, 미국의 비우량(非優良) 주택 담보 대출.

**서포트 (support)** 운동이나 일에서 다른 사람을 지원하거나 격려하고 응원하는 일.

**서프라이즈 (surprise)** 뜻밖의 일, 놀라다, 깜짝 놀라게 하다, 기습하다.

**서프라제트 (Suffragette)** 20세기 초 영국에서 여성 참정권을 획득하고자 벌인 참정권 운동.

**세계무역기구 (WTO)** 국제무역 확대, 회원국 간의 통상분쟁 해결, 세계 교역 및 새로운 통상 논점에 관한 연구를 위하여 설립된 국제기구로서 본부는 스위스 제네바에 있다. 기존 GATT 체제의 문제점 해결을 위한 우루과이라운드 협상을 거쳐 1995년 1월 1일 출범하였다. 설립 이전 회원국들의 GATT 의무 이행이 미흡했던 점을 감안하여 WTO(World Trade Organization)는 GATT에 없던 세계무역분쟁 조정, 관세인하 요구, 반덤핑규제 등 준사법적 권한과 구속력을 행사할 수 있는 기능을 갖추고 있다. 또한 협정 형태이던 GATT와 달리 WTO는 여러 하위 기구를 갖춘 국제기구로서 GATT 체제에서 제외되었던 서비스, 지적재산

권을 포괄하는 등 국제 무역규범의 적용범위를 크게 확대하였다. WTO
는 각료회의, 일반이사회, 사무국 등의 조직으로 구성되어 있다. 모든
회원국의 대표로 구성되는 각료회의는 2년마다 최소 1회 이상 개최되
고, 일반이사회는 각료회의 비회기 중 각료회의의 기능을 수행함과 아
울러 분쟁해결기구, 무역정책 검토기구로서의 기능도 수행한다. 우리
나라는 1995년 출범 당시 가입하였고, 2020년 10월말 현재 WTO 회원
국은 164개국이다. 스위스 제네바에 사무국이 있다.

**세미 (semi)** 어떤 형식 또는 특성이 반 혹은 얼마간 들어 있음.

**세미나 (seminar)** ① 어떤 분야의 전문가들 몇 명이 특정한 과제에 대해
행하는 연수회나 강습회. ② (기본의미) **(교육)** 대학 등에서, 교수의 지
도 아래 학생들이 특정한 주제에 대해 공동으로 토론하고 연구하는 교
육 방법. ③ 라틴어의 묘판(苗板-Semi narium)에서 나온 말.

**세션 (session)** 정보통신 용어이다. 일반적으로 회화 처리 등에 있어서의
회화 하나의 단위를 나타내는 개념이며, 구체적으로는 회화 처리용 커
맨드(컴퓨터의 시동, 정지, 계속 따위의 동작을 지시하는 명령)를 입력
하여 그것에 대한 응답 출력이 이루어지기까지를 세션이라 한다. 망 환
경에서 사용자와 컴퓨터 간의 대화를 위한 논리적 연결.

**세팅 (setting)** ① 영화의 극적인 행동이 발생하는 시간과 장소. ② 자연
적 혹은 인공적으로 조성된 공간으로 하나의 신(scene)을 촬영할 수 있
는 장소.

**세포 마켓 (Cell Market)** SNS와 1인 미디어 플랫폼을 이용해 제품을 판매
하는 개인 판매자들을 일컫는 신조어. 일반 마켓에 비해 세포처럼 작
고, 세포가 분열하듯 어마어마한 속도로 증가하고 있는 마켓이라 이러
한 이름이 붙었음.

**섹슈얼리티 (sexuality)** 사회적 관계망 속에서 이루어지는 사회 역사적

구성물이며, 불평등한 권력 관계의 산물인 성에 관련된 행위, 태도, 감정, 욕망, 실천, 정체성 따위를 포괄하여 이르는 말.

**섹스리스 (Sexless)** 직장생활, 육아 등에 의해 성관계를 피하는 것을 말한다. 육체적·정신적 스트레스가 주된 요인으로 지목되고 있으며, 맞벌이를 하는 부부들이 많은 시대적 상황도 하나의 영향으로 작용하는 것으로 보인다.

**셀럽 (celebrity)** ① 연예나 스포츠 분야 따위에서 인지도가 높은 유명 인사. ② 뭔가를 해서 유명해지기보다 존재 자체로 유명해진 사람들.

**셀프 디스 (self diss)** 웃음을 유발하기 위하여, 자신의 잘못, 약점 따위를 드러내어 스스로를 깎아내리는 일(자학하는 언동을 말함).

**셀피노믹스 (Selfinomics)** 유튜버·인스타그램 인플루언서 등 개인 콘텐츠를 만드는 사람이나 그들이 행하는 자주적·독립적인 경제활동을 말한다. 개인(self)과 경제학(economics)을 합성한 신조어다. 셀피노믹스 시대에는 개인이 직접 콘텐츠가 돼 자신의 강점을 선보이고 이를 바탕으로 경쟁하면서 성공에 이를 수 있게 됐다.

**셰프 (chef)** 음식점 등에서 요리하는 사람들의 우두머리. 주방장(쉐프는 비표준어임).

**소다 택스 (Soda tax; 청량음료세)** 설탕이 가미된 음료에 부과하는 특별 소비세로 비만과 당뇨, 충치 등을 막기 위한 '보건' 목적으로 주로 추진됐다.

**소믈리에 (sommelier)** 호텔이나 고급 레스토랑에서 포도주를 추천하고 주문을 받아 서비스할 뿐 아니라 품목 선정, 구매, 관리, 저장 등 와인과 관련된 일을 맡아 하는 직업 또는 그 일을 하는 사람.

**소비에트 (Soviet)** 평의회라는 의미의 소련의 기본통치단위. 소련에 있어서 인민의 대표자 회의를 뜻함. 1905년 페테르부르크의 노동자 사이에 조직된 것을 최초로 하여 1917년 2월혁명 후 노동자, 병사, 농민의 대표자로 구성되어 혁명 세력의 중심을 이루고 이에 볼셰비키 정권의 모태가 되었다.

**소셜 커머스 (social commerce)** 일정한 수 이상의 구매자가 모일 경우에 특정 품목을 하루 동안만 파격적으로 낮은 가격에 판매하는 전자 상거래의 한 방식. 최소 구매 물량을 넘기기 위해 소비자들이 자발적으로 인터넷을 통해 판매 정보를 확산시키는 것이 특징이다.

**소시오패스 (Sociopath)** 사회를 뜻하는 '소시오(socio)'와 병리 상태를 의미하는 '패시(pathy)'의 합성어로 법규 무시, 인권침해 행위 등을 반복해 저지르는 정신질환. 반사회적 인격장애의 일종으로, 범죄를 저지르는 행태 등에서 사이코패스와 혼동되기도 하지만 아무런 자각 없이 범죄를 저지르는 사이코패스와 달리, 소시오패스는 자신의 행동에 대한 인지가 있다. 영화〈케빈에 대하여〉에서 아들 케빈은 다른 사람들 앞에서는 순한 양같이 행동하지만, 어머니 앞에서는 이중적인 모습을 보이는 소시오패스이다.

**소요학파** 아리스토텔레스가 학도들과 산책하면서(페리파테인) 강의하고 논의한 페리파토스(산책길)에서 유래되어 페리파토스 학파(소요학파, Peripatetic school)라고도 불린다.

**소프트웨어 (software)** 기계나 장치를 움직여 전산처리를 하게 하는 프로그램을 통틀어 말함. 무른모ー컴퓨터 시스템을 효율적으로 운영하기 위하여 개발된 프로그램을 통틀어 이르는 말. ↔ 하드웨어.

**솔루션 (solution)** ① 어떤 단체나 기업이 문제를 해결하기 위해 전면 쇄신을 꾀하거나 미숙련 분야에 진출하기 위해 선진 기업으로부터 제공받는 종합적인 운영 시스템. ② [전산] 전산 기기에서 용도에 맞는 다양한 기능들을 관리하고 문제를 처리하며 서로 간에 연동을 가능케 하는 하드웨어나 소프트웨어. ③ 해결책, 해명, 해석, 해법.

**수 (壽)** 70세 이상의 장수를 누린 경우.

**수처작주 (隨處作主)** 어디에 있든 나 자신이 주인이라는 말.

**쉐어 하우스 (share house)** 가족이 아닌 사람들이 공간이나 시설 따위를 공동으로 사용하며 같이 사는 집. 각자 자신의 방은 따로 쓰며 거실이나 주방 따위를 함께 사용한다. 개인 공간과 공용 공간을 구분하여 사용하며, 입주자 간 교류가 활발하기 때문에 컨셉 중심의 쉐어 하우스도 등장했다. 개인이 운영하던 게스트 하우스에서 유래하되 기업형으로 운영된다는 특징이 있다. 개인 여럿이 한 집을 임대 사용하는 '룸쉐어'와는 임대자와 운영자의 차이가 있다.

**슈뢰딩거의 고양이 (Schrodingers Katze; Schrodinger's cat)** 1935년에 오스트리아의 물리학자 에르빈 슈뢰딩거가 양자역학의 불완전함을 보이기 위해서 고안한 사고 실험이다. 양자역학의 특징을 설명하는 대표적인 예시로 흔히 사용된다. 양자역학에 의하면, 미시적인 세계에서 일어나는 사건은 그 사건이 관측되기 전까지는 확률적으로 밖에 계산할 수가 없으며 가능한 서로 다른 상태가 공존하고 있다고 말한다. 슈뢰딩거가 제안한 이 사고 실험은 우연적으로 일어나는 미시적인 사건이 거시적 세계에 영향을 미칠 때 어떻게 되는가를 보여주는 것으로 하나의 패러독스로써 거론된다. 어떤 상자 안에 고양이가 있고 계수기와 망치가 연결되어 계수기가 방사선을 감지하면 망치가 상자 안에 있는 병을 깨트려 병 안에 들어있는 독성 물질이 흘러나오며, 이 상자를 열기 전에는 안에 있는 고양이가 살아있는 상태와 죽어있는 상태로 공존하고 있다는 이야기로 유명하다. 한마디로, 양자 중첩상태가 뭐냐는 질문에 까 보기 전에는 모른다는 설명은 상식적으로 납득이 되지 않는 불충분한 설명이라는 주장이다.

**슈퍼리치 (super rich)** 금융 자산 30억 원 이상을 가진 부자를 이르는 말.

**스나이드 (snide)** ① 남의 명예를 훼손시키는 듯한. ② 가짜의. ③ 천한. ④ 헐뜯는.

**스나이퍼 (snáipər)** ① 저격병. ② 도요새 사냥꾼. ③ (온라인 경매에서) 최후까지 대기했다가 최고가를 부르는 사람. ④ (미 속어) 빈집털이, 소매치기, 꽁초주이.

**스마트 팜 (smart farm)** 정보통신기술(ICT)을 농업 기술에 접목하여 자동 원격으로 농작물·과일·가축 따위를 키울 수 있도록 조성한 농장. 스마트폰 또는 컴퓨터(PC)를 이용해 생육 조건에 부합하는 온습도, 일조량, 냉난방 따위를 조절하고 물을 공급한다.

**스마트하다 (smart하다)** (맵시 좋은, 말쑥한, 깔끔한, 똑똑한, 영리한) 몸가짐이 단정하고 맵시가 있거나 그 모양이 말쑥하다.

**스모킹 건 (smoking gun)** 범죄·사건 따위를 해결하는 데 결정적으로 작용하는 확실한 증거.

**스밍 (streaming)** 스트리밍의 준말로 음악 파일이나 동영상 파일을 스마트폰 따위의 휴대용 단말기나 컴퓨터에 내려받거나 저장하여 재생하지 않고, 인터넷에 연결된 상태에서 실시간으로 재생하는 일. 또는 그런 재생 기술이나 기법.

**스우파 (Street Woman Fighter)** 2021년 8월 24일부터 2021년 10월 26일까지 엠넷(M-net)에서 방영된 여성 댄서 크루 서바이벌 프로그램이다.

**스웨그 (swag)** ① 다른 사람과 달리 자신만이 낼 수 있는 특정한 멋이나 분위기. ② 힙합 뮤지션이 잘난 척을 하거나 으스대는 기분을 표현하는 말로서 최근 언론, 패션 등 여러 분야에서 문화 현상으로 다뤄졌다. '스웩' 또는 '스웨그'라고도 표기하지만 외래어 표기법에 따르면 '스웨그'라고 적는다. 본래 스웨그라는 단어는 윌리엄 셰익스피어의 희곡

'한여름 밤의 꿈'에 나온 말이다. 이 작품에서 스웨그는 '건들거리다', '잘난 척하다'라는 뜻으로 사용됐다.

**스윙 [swing]** ① 재즈음악 특유의 몸이 흔들리고 있는 듯한 독특한 리듬 감을 형용한 말. ② 선반에서 가공할 수 있는 공작물의 최대경을 말한다. 양 센터간의 최대거리와 함께 사용하여 선반의 크기를 나타낸다. 또 직립 드릴의 경우에는 원형 공작물의 중심에 구멍을 뚫을 수 있는 공작물의 최대경을 나타낸다. ③ 권투나 야구 따위에서 크게 원을 그리듯이 주먹이나 운동 기구를 휘두르는 동작.

**스윙 보터 [swing voter]** 선거 따위의 투표에서 어떤 후보에게 투표할지 결정하지 못한 유권자를 이르는 말. 이들은 보통 자신의 삶에 도움을 줄 만한 후보를 찾기 위해 지지 정당을 쉽게 바꾸며, 지역 및 이념 지향적 투표 성향보다는 선거 당시의 정치 상황과 이슈에 따라 투표하는 경향을 나타낸다.

**스콜라 철학 [schola 哲學]** 8세기부터 17세기까지 중세 유럽에서 이루어진 신학 중심의 철학으로 이는 교회나 수도원의 부속학교를 스콜라라 부른 데서 유래하는 것이다. 이는 이성으로 신앙의 원리를 해석하려 했다. 즉 신앙으로 얻어진 진리를 철학자들이 이성으로 확인하려고 노력하였다. 즉 리스사상과 크리스트사상을 종합하려고 노력하였는데 종합적 체계를 최초로 완성한 사상가가 곧 아우구스티누스(Augustines, 354~430)였다.

**스크류플레이션 [Screwflation]** 물가 상승과 실질임금 감소 등으로 중산층의 가처분소득이 줄어드는 현상을 말한다. 돌려 조인다는 뜻의 '스크류(screw)'와 '인플레이션(inflation)'을 합성한 말이다.

**스킨십 [skinship]** 피부의 상호 접촉에 의한 애정의 교류.

**스킬 [skill]** ① 일정한 길이로 자른 털실을 망사에 걸어 놓는 자수. ② 운동기술, 기술을 숙련, 기능, 솜씨.

**스타일리스트 (Styllist)** 의상, 헤어스타일, 액세서리, 메이크업 등을 촬영 의도에 맞게 출연자의 분위기를 연출하는 사람. 코디네이터 (coordinator)라고도 한다(패션 분야의 전문가). 대개 프리랜서로 활동 하며 영화사, 광고사, 잡지사 등의 의뢰를 받아 일한다. 최신 유행은 물 론 시대 고증에도 능통해야 하며 나아가 연출 및 촬영에 관해서도 어느 정도 식견이 필요하다.

**스타트 업 (start up)** ① 컴퓨터 시스템에서 특정 프로그램의 작동을 시작 하는 일. ② 신생 벤처기업. 혁신적인 기술과 아이디어를 보유한 창업 기업으로 대규모 자금을 조달하기 이전 단계란 점에서 벤처와 차이가 있다. 1990년대 후반 닷컴버블로 창업 붐이 일어났을 때 생겨난 말로 고위험, 고성장, 고수익 가능성을 지닌 기술, 인터넷 기반의 회사를 지 칭한다.

**스탠스 (stance)** 어떤 일에 대한 공개적인 입장, 스포츠 경기 때의 자세.

**스테이블 코인 (Stable Coin)** 가격 변동성을 최소화하도록 설계된 암호 화폐다. 미국 달러화나 유로화 등 법정화폐와 1대 1로 가치가 고정돼 있는데, 보통 1코인이 1달러의 가치를 갖도록 설계된다. 다른 암호화폐 와 달리 변동성이 낮아 탈중앙화 금융인 '디파이(DeFi)' 같은 암호화 폐 기반 금융상품에 이용된다.

**스토리지 (storage)** 컴퓨터에서 데이터를 저장하는 공간. 또는 그런 공간 이 마련된 장치.

**스톡옵션(stock option; 주식매입선택권)** 자사의 주식을 일정한 한도 내 에서 액면가 또는 시세보다 훨씬 낮은 가격으로 매입할 수 있는 권리를 부여한 뒤 일정 기간이 지나면 임의대로 처분할 수 있는 권한 부여.

**스투피드 (STUPID)** ① 스페인, 터키, 영국, 포르투갈, 이탈리아, 두바이

등 신용 위기에 빠질 수 있어 경고 위기에 놓인 6개 국가의 머리글자를 따서 만든 이름. ② 어리석은, 우둔한, 멍청한, 바보 같은.

**스튜어드십(스튜어드쉽) 코드** (Stewardship Code; **수탁자책임 원칙**) 기관투자자들이 타인의 자산을 관리·운영하는 수탁자로서 책임을 충실히 이행하기 위해 만들어진 지침. 글로벌 금융위기 직후인 2010년 영국에서 최초로 도입되었다. 한국에서는 2014년부터 논의되기 시작해, 2016년 한국 스튜어드십 코드가 공표되었고, 2018년 7월 국민연금에서 도입을 결정했다. 기업의 지배구조 투명화로 자본시장의 건전성이 개선될 수 있다는 긍정적 효과가 있지만, 정부의 기업경영 개입으로 인한 관치의 우려가 있어 찬반 논란이 지속되고 있다.

**스트럭처** (structure) 구조, 구조물, 건축물, 조직하다, 구조화하다.

**스트레칭** (stretching) 몸을 쭉 펴거나 굽혀 근육을 긴장 또는 이완시켜 몸을 부드럽게 하는 맨손 체조.

**스트리밍** (streaming) 음악 파일이나 동영상 파일을 스마트폰 따위의 휴대용 단말기나 컴퓨터에 내려받거나 저장하여 재생하지 않고, 인터넷에 연결된 상태에서 실시간으로 재생하는 일. 또는 그런 재생 기술이나 기법.

**스틸** (steel. still. steal) ① 무쇠를 녹여서 고압을 가하고 탄소의 양을 줄여 굳고 단단하게 만든 쇠. ② 영화의 한 장면을 크게 확대하여 인화한 선전용 사진. ③ 야구에서 주자가 타자의 안타나 수비자의 실책에 의하지 않고 수비수의 허술함을 틈타 다음 누로 가는 일.

**스파** (spa) 마사지나 물의 열, 부력 따위로 온몸의 혈액 순환을 촉진시켜 피부를 관리하고 몸의 스트레스를 해소할 수 있는 시설을 갖추어 놓은 가게(온천, 광천, 휴양시설 등).

**스팸** (Spam) 스팸하면 햄 통조림이 먼저 떠오를 것이다. 이 통조림 햄에 대한 광고가 지나치게 많았던 것에 빗대어 스팸이라는 신조어가 만들어졌다. 사용자의 의사와 관계없이 인터넷을 통해 일방적으로, 대량으로 전달되는 광고성 메일, SMS, 통화를 말한다.

**스페셜 (special)** 보통의 것과는 특별히 다른 것.

**스펙 (spec)** specification의 준말. 직장을 구하는 사람들 사이에서 대학 시절 동안 자신이 확보할 수 있는 외적 조건의 총체로 학력·학점·토익 점수, 해외 연수 및 인턴 경험 유무 등을 종합한 것을 이르는 말.

**스펙트럼 (spectrum)** ① 추상적 개념이나 견해 따위에서 여러 가지 갈래로 나뉠 수 있는 범위. ② [물리] 빛이나 복사선이 분광기(分光器)를 통과할 때, 파장의 순서에 따라 분해되어 배열되는 빛깔의 띠(分光). ③ [물리] 복잡하게 짜여진 현상이나 물질을 단순한 성분으로 나누고, 각각의 양의 크기에 따라 강도(强度)의 분포를 배열한 것. ④ [수학] 한 함수를 합(合) 또는 적분의 형으로 분해한 것. 또는 성형 연산자의 고유치.

**스펜데믹 (spendemic)** 'spend(소비하다)'와 'andemic(전염병 대유행)'의 합성어로 코로나19 대유행 시대에 벌어진 대중의 과소비 현상을 일컫는 신조어. 사회적 거리 두기 등으로 여행이나 외식 관련 소비는 줄어든 반면 배달음식 주문이나 인테리어 용품 지출은 늘어나는 추세를 비유한 것.

**스포일러 (spoiler)** ① 지나치게 친절한 사전 정보. ② 스포일러는 영어단어 spoil(망치다)에서 유래됐으며 영화, 애니메이션, 소설 등의 줄거리나 핵심 내용, 반전 요소, 결말 등을 예비 관객이나 독자에게 미리 밝혀 재미를 반감시키는 행위를 일컫는 말이다. 스포일러는 상대보다 새로운 정보를 선점하고 있다는 우월감을 느끼기 위해 악의적으로 행해지는 경우가 대부분이다. 흥행에 악영향을 미치기 때문에 제작사·배급사·출판사 등은 이를 방지하기 위한 캠페인을 벌이기도 한다.

**스포크스맨 (spokesman)** 대변인.

**스픽스 (SPEAKS)** 대한민국의 인터넷 언론 겸 유튜브 채널(역전의 용사들, 정치본색. 쉿바, 디톡스, 끝판토론. 뉴스).

**스핀닥터 (Spin Docter)** 정부나 각료 측근에서 활동하는 PR 전문가를 말한다. 언론 인터뷰나 일반 국민을 대상으로 정책 등을 설명하는 홍보 전문가로 특정 정치인이나 관료들의 대변인 역할을 한다. 스핀(Spin)은 '돌린다, 비튼다'는 뜻으로 스핀닥터란 '유리한 사실은 부각하고 나쁜 사실은 숨기는 등 정보를 비틀어 여론을 원하는 대로 유리하게 이끄는 전문가'라는 의미가 있다. 같은 뜻으로 스핀스터(Spinster)나 스핀마이스터(Spinmeister)라고도 부른다. 긍정적인 의미보다 부정적인 의미가 강하다. 즉 불순한 민주주의의 교란자이다.

**슬럼 (slum)** ① 빈민가, 빈민굴, 불량주택지를 일컫는 말. ② 산업혁명 이후 근대적인 도시의 출현과정에서 정상적인 고용이 가능한 성년 남성 노동자만이 아니라 다양한 사회계층의 사람들도 동시에 이주하게 되었는데, 주로 이들이 도시에서 주거지를 형성한 곳이 바로 슬럼의 기원이라고 할 수 있다. 슬럼은 일반적으로 몇 가지 공통적인 특징을 갖는다. 즉 주거조건이 열악하고 비위생적인 것이 1차적인 특징이며, 불안정한 고용이나 임시취업 내지는 실업으로 고통을 겪는 사회계층들이 주된 거주층을 이룬다는 점이다. 또한 주거가 일정하지 않으며 이동성이 높다. 한편 슬럼을 바라보는 시각도 다양하다. 예컨대 슬럼을 사회적 병리로 인식하고 이를 제거해야 한다는 견해에서부터 슬럼을 자본주의의 도시 중심적 문명의 결과로 인식하고 자본주의적 문명을 극복하는 것만이 슬럼과 상류 호화주택지역 간의 도시 사회적 분리를 타개하는 방법이라는 입장에 이르기까지 시각의 편차는 매우 크다.

**슬럼프 (slump)** ① 심신의 상태 또는 작업이나 사업 따위가 일시적으로 부진한 상태. ② 자신의 실력을 제대로 발휘하지 못하는 부진 상태가 긴 시간 동안 이어지는 상황을 말한다. 비교적 운동선수에게 많이 사용하며, 화가 등 예술작품을 만드는 사람에게도 사용하기도 하고, 무언가 길게 일이 안 풀릴 때 사용한다. 보통 스트레스를 받거나 일이 꾸준히 안 풀릴 때 발생한다.

**시그널 (signal)** ① 일정한 부호, 소리, 몸짓 따위로 의사를 전달하거나 지시하는 일. ② 어떤 일이 있거나 있을 것이라는 신호.

**시그니처 (signature)** ① 서명, 서명하기, 특징. ② 어떠한 브랜드의 특정 상품(예시: 이 카페의 시그니처 메뉴는 크림 라떼야).

**시냅스 (synapse)** 두 신경세포 사이나 신경세포와 분비세포, 근육세포 사이에서 전기적 신경 충격을 전달하는 부위.

**시뇨리지 (Seigniorage)** 국가가 화폐 발행으로 얻게 되는 이득을 의미한다. 화폐의 액면 가치와 실제로 만들어지는 데 들어간 비용과의 차액을 말한다. 기축통화 효과 또는 화폐 주조 차익이라고도 한다.

**시니어 (Senior)** 노인, 졸업생, 직장 상관, 연장자라는 뜻. 일반적으로 보면 60세 정도.

**시니컬 (cynical)** 냉소적이며 쌀쌀한 태도로 남을 업신여기어 비웃는 것.

**시드 머니 (seed money)** (경제) 부실기업을 살리기 위하여 금융 기관에서 새로이 융자하여 주는 자금. 종잣돈.

**시리얼 (cereal)** 옥수수, 현미 등의 곡물에 영양소를 첨가하여 만든 바삭바삭한 과자. 주로 우유를 부어 식사 대용으로 먹는다.

**시뮬라시옹 (simulation)** 실제가 가상 실제로 전환되는 일. 실제가 현실의 복제물인 시뮬라크르(가상실제)로 전환되는 것으로 프랑스의 철학자 보드리야르가 지은 책 『시뮬라크르와 시뮬라시옹』에서 나온 개념이다.

**시뮬레이션 (simulation)** 복잡한 문제나 사회 현상 따위를 해석하고 해결하기 위하여 실제와 비슷한 모형을 만들어 모의적으로 실험하여 그 특성을 파악하는 일. 모의실험.

**시비느 (CVIN)** Complete Verifiable Irreversible Normalization의 약자다. 완전 비핵화가 이루어질 경우 북한과의 완전한 관계 정상화의 의미.

**시비드 (CVID)** 핵을 완전히 폐기하는 일을 의미하는 말로 완전하고 (Complete), 검증 가능하며(Verifiable), 돌이킬 수 없는(Irreversible) 파괴(Dismantlement)를 의미하는 말의 영문 앞글자를 딴 것으로 조지 W. 부시 대통령이 북핵 문제에 대한 미국의 목표를 천명할 때 사용한 표현이다.

**시비즈 (CVIG)** Complete Verifiable Irreversible Guarantee의 약자다. 완전하고 검증 가능하고 되돌릴 수 없는 체제보장이란 의미이다. 미국이 북한에 요구하는 CVID의 용어를 본따서 만들었다. 체제보장이란 단어는 북한이 아니라 한국이 만들어 쓰던 말이다. 예전에는 대북 적대시 정책이라고도 불렀다. 북한은 1990년대부터 일관되게, 북한 비핵화에 대한 조건으로 미국의 대북 적대시 정책의 취소를 통한 체제보장을 요구했다.

**시비프 (CVIP)** Complete Verifiable Irreversible Peace의 약자로 완전하고 검증 가능하며 되돌릴 수 없는 평화의 의미.

**시빌워 (civil war)** 내전, 남북전쟁, 시민전쟁, 내란, 독립전쟁.

**시스템 (system)** ① (전산) 외부로부터의 힘에 의해 동작하는 일련의 자동 기계 장치. ② 어떤 목적을 위하여 체계적으로 짜서 이룬 조직이나 제도. ③ (전산) 필요한 기능을 실현하기 위하여 관련 요소를 어떤 법칙에 따라 조합한 집합체.

**시추에이션 (situation)** 방송극이나 영화, 연극, 소설 등에서 이야기나 사건 따위가 벌어지는 상황.

**시크하다 (chic하다)** 용모와 스타일이 세련되고 멋지다. 주로 지적이고 도시적 이미지를 강조할 때 사용하는 말이다.

**시크릿 (secret)** 비밀의, 은밀한.

**신드롬 (syndrome)** 여러 가지의 증세가 한꺼번에 나타나지만, 원인이 한 가지가 아니거나 명확하지 않을 경우에 이르는 병적인 증상. 증후군—어떤 병으로 인하여 다양하게 일어나는 증세.

**신 택스 (Sin tax, 죄악세)** 사치금지법의 일종으로 술, 담배, 도박, 경마 등과 같이 사회적으로 요구되지 않는 것들의 매매를 금지하기 위해 부과되는 세금이다. 설탕이나 탄산음료에도 죄악세가 부과되기도 하며, 일부 지역에서는 코카인이나 마리화나 같은 마약류에도 부과된다.

**실드 (shield; 차폐물)** 자동차나 휴대전화 따위의 몸체에 생기는 흠집을 막기 위해 붙이는 필름. 방패, 가리다, 보호하다, 차폐(遮蔽).

**실버 불렛 (sillver bullet)** 은제 탄환(銀製彈丸)은 은으로 만들어진 탄환을 말하며 서구 전설에 따르면 늑대 인간, 악마 등을 격퇴할 때 쓰이는 무기로 알려져 있다. 현대에 와서는 문자 그대로의 탄환을 의미하는 것이 아니라, 어떤 일에 대한 해결책, 특효약, 그리고 스포츠에 있어선 팀의 중심 선수를 일컫는 말로 사용되기도 한다.

**실존주의 (existentialism; 實存主義)** ① 세계 내의 인간 실존에 대한 해석에 힘쓰며 인간 실존의 구체성과 문제적 성격을 강조하는 철학. ② 19세기의 합리주의 관념론이나 실증주의에 반대하여 개인으로서의 인간의 주체적 존재성을 강조하는 사상(독일과 프랑스를 중심으로 일어난 철학사상).

**심포지엄 (symposium)** 어떤 논제에 대하여 다른 의견을 가진 두 사람 이상의 전문가가 각각 의견을 발표하고 참석자의 질문에 답하는 형식의 토론회.

**심플하다 (simple하다)** 군더더기 없이 산뜻하고 단순하다.

**싱크로율 (synchro率)** 비교되는 대상들이 서로 어긋나지 아니하고 같거나 들어맞는 비율. 정확도와 비슷한 말로 쓰임.

**쌍둥이 적자 (Twin Deficit)** 경상수지와 재정수지가 모두 적자가 발생하는 현상이다. 1980년대 미국 로널드 레이건 행정부 시기가 대표적인 사례로 꼽힌다.

**썸 (some)** something에서 파생된 신조어로 아직 연인 관계는 아니지만 서로 사귀는 듯이 가까이 지내는 관계.

**썸네일 (thumbnail)** ① 인터넷에서 그래픽 파일의 이미지를 소형화한 데이터(마중그림). 일반적으로 그래픽 파일 안에 데이터로 포함된다. ② 콘텐츠를 대표하는 소형 이미지로서 사용자가 콘텐츠를 클릭하기 전에 가장 먼저 마주치는 시각적 요소이다(콘텐츠를 클릭하도록 유도하는 것). (출처) 썸네일 뜻과 중요성(콘텐츠 성공을 위한 첫걸음)_작성자 퓨처셀프.

**씨이오 (CEO; chief executive officer)** 기업의 최고 의사 결정권자.

**아나키즘 (anarchism)** ① 개인을 지배하는 모든 정치 조직이나 권력, 사회적 권위를 부정하고 개인의 자유와 평등, 정의, 형제애를 실현하고자 하는 사상이나 운동. ② 1885년 일본인 니시카와(西川通徹)가 무정부주의로 번역함.

**아날로그 (analogue)** 물질이나 시스템 등의 상태를 연속적으로 변화하는 물리량으로 나타내는 것.

**아노미 (Anomie)** 정상적인 도덕적 질서로부터 이탈하는 비정상, 무법질서의 상태. 공통된 가치관이 붕괴되고 목적의식이나 이상이 상실됨에 따라 사회나 개인에게 나타나는 혼돈 상태.

**아노미 현상 (Anomie 現象)** 급격한 사회 변동의 과정에서 종래의 규범이 약화 내지 없어지고 새로운 규범의 체계가 확립되지 않는 혼란한 상태. —새로운 문화가 급격히 수용되는 과정에서 기존의 사회 규범이 붕괴되어 혼란이 발생하는 아노미 현상이 나타날 수 있다.

**아디다스 (adidas)** 1948년 독일의 아돌프 다슬러가 설립한 스포츠 브랜드로 운동화, 운동복, 운동용품 등을 제조 판매하는 회사 이름.

**아로마 테라피 (aroma therapy)** 『보건 일반』 방향성 정유를 흡입제로 사용하거나 마사지에 사용하여 스트레스를 완화하고 피부 증상을 치료하는 방법. 사람의 기분이나 행동에 변화를 주거나, 신체적·정신적·

정서적 건강과 행복을 증진하기 위하여 이용한다. ⇒규범 표기는 '아로마 세러피' 이다.

**아메리칸 드림 (American Dream)** ① 미국 사람들이 갖고 있는 미국적인 이상사회를 이룩하려는 꿈. ② 미국에 가면 무슨 일을 하든 행복하게 잘 살 수 있으리라는 생각, 이것이 아메리칸 드림의 핵심이다.

**아바타 (avatar)** 가상사회에서 자기의 분신을 의미하는 시각적 의미로 산스크리트어 아바따라(avatara)에서 유래함. 온라인에서 개인을 대신하는 캐릭터. 분신 또는 화신.

**아방가르드 (avant-garde)** 20세기 초 유럽에서 일어난 다다이즘이나 초현실주의 따위의, 기성 예술의 관념이나 형식을 부정한 혁신적인 예술 운동을 통틀어 이르는 말(첨단을 가는 문예사조, 초현실주의). 원래는 군사용어로 척후병의 뜻이었다.

**아브젝트 (abject)** 상징계가 요구하는 올바른 주체가 되기 위해, 버려지고 경계 밖으로 추방된 것들. 크리스테바(Kristeva, J.)가 사용한 개념 가운데 아브젝시옹은 상징계가 요구하는 올바른 주체가 되기 위해 이질적이고 위협적인 것들을 추방하는 것을 말하는데, 이 과정에서 버려진 것들이 아브젝트이다.

**아셈 (ASEM; Asia-Europe Meeting)** 한·중·일＋EU(유럽연합) 15개 회원국과 EU 집행위원장 등 26개 정상들이 2년마다 모여 자유롭게 의견을 교환하는 대규모 국제회의. 1990년 냉전 종식에 따라 미·소를 축으로 하는 양극 체제가 무너지고 경제, 사회적으로 세계화 추세가 대두되면서 아시아, 북미, 유럽 등 3개 지역을 축으로 한 새로운 국제 질서의 형성에 따라 이들 세 지역 간에 상호 대화의 채널을 확립하고 균형적인 관계를 발전시켜 세계 경제의 안정적 성장과 세계 평화와 안전을 위해 매우 중요한 과제로 부상하게 되었다. 이 ASEM은 1994년 싱가포르 총리가 창설을 제의, 1996년 태국 방콕에서 첫 회의, 1998년 영국 런던에서 2차 회의, 2000년 서울에서 3차 회의가 개최되어 군축문제, 정보통신, 경제위기 재발 방지 등에 대한 협의가 이루어지고 있다.

**아싸** Outsider의 줄임말로 사람들 모임이나 친구들 사이에서 잘 스며들지 못하며 주위를 겉돌면서 다가가지 못하는 사람을 일컫는다. ↔ 인싸.

**아우라 (Aura)** ① 예술 작품에서 흉내 낼 수 없는 고고한 분위기. 작품의 원본만이 가지고 있으며, 복제가 가능한 사진이나 영화 등에는 생겨날 수 없다. 독일의 철학자 발터 벤야민이 제안하였다. ② 어떤 대상이 가진, 다른 것과 구별되는 독특한 분위기.

**아웃팅 (Outing)** 성소수자의 성적 지향이나 성별 정체성에 대해 본인의 동의 없이 밝히는 행위를 말한다. 주로, 게이, 레즈비언, 양성애자라는 사실이 밝혀질 때 쓰는 말이다. 아웃팅은 프라이버시, 선택, 겉으로는 이성애자로 보이는 동성애자(벽장) 등의 문제를 제기하며, 호모포비아와 이성애주의에 맞서 싸우기 위한 노력에서 무엇이 공공선을 구성하는가에 대한 논쟁을 촉발시킨다. 공개적인 아웃팅은 사회의 지도적인 인물을 타겟으로 하는데, 잘 알려진 정치인, 성공한 운동선수나 유명한 아티스트 등을 예로 들 수 있다.

**아이돌 (Idol)** 신화적인 우상(偶像)을 뜻함. 청소년들에게 인기 있는 젊은 연예인.

**아이러니 (Irony)** 반어(反語). 표현의 효과를 높이기 위하여 실제와 반대되는 뜻의 말을 하는 것. 예상 밖의 결과가 빚은 모습이나 부조화, 모순, 역설, 이율배반 즉 생각의 반대되는 말을 써서 효과를 보는 수사법.

**아이콘 (Icon)** 상(象), 초상화, 성화, 성상(聖像), 우상(偶像).

**아젠다 (Agenda)** 모여서 서로 의논할 사항이나 협의할 주제. 회의 일정이나 방문 일정, 의제, 과제, 안건, 비망록, 예정표 등.

**아카이브 (archive)** ① 옛기록, 공문서, 기록 보관소, 문서국. ② 소장품이나 자료 등을 디지털화하여 한 데 모아서 관리할 뿐만 아니라 그것들을 손쉽게 검색할 수 있도록 모아 둔 파일. ③ 오랜 세월동안 보존해 두지 않으면 안 되는 가치 있는 자료를 기록하는 것.

**아케이즘 (archaism)** 장중하거나 우아한 문체를 위하여 고어나 폐어(廢語) 등을 사용하는 태도. 19세기 프랑스에서 고전시의 율격을 애용한 시파가 주창하였다.

**아쿠아리움 (aquarium)** 물속에 사는 동식물을 관찰하고 체험할 수 있도록 대형 수족관 따위를 다양하게 갖추어 놓은 곳.

**아키비스트 (archivist)** 기록물 관리 전문가. 기록물의 보존을 담당하는 전문가를 말한다. 여기에서 보존의 범주 안에는 유지, 관리, 분류 등의 개념이 포함된다. 한 마디로 기록 관리의 최고 고수. 도서관 사서나 복원전문가 등과는 다르다.

**아티스트 (artist)** 예술 작품을 창작하거나 표현하는 것을 직업으로 하는 사람.

**아포리즘 (aphorism)** 신조, 원리, 진리 등을 간결하고 압축적인 형식으로 나타낸 짧은 글(金言, 格言, 箴言, 驚句).

**안티에이징 (anti-aging)** 피부 조직 따위가 노화되는 것을 막음.

**알고리즘 (algorism)** 문제를 해결하기 위해 정해진 일련의 절차나 방법. 컴퓨터 프로그램을 기술함에 있어 실행 명령어들의 순서를 의미한다. 아랍의 수학자인 알고리즈미(Al-Khowarizmi)의 이름에서 유래되었다. 알고리즘에서 가장 중요한 것은 효율성이라고 할 수 있는데 동일한 문제를 푸는 데 있어 결과는 같아도 해결방법에 따라 실행속도나 오차·오류 등에 차이가 있을 수 있기 때문이다. 또한, 알고리즘은 명확해야 하는데 이를 위해 프로그래머들은 주로 순서도나 의사코드

(pseudocode) 등을 이용하고 있다.

**알레고리 (allegory)** ① 추상적인 내용을 구체적인 대상을 이용하여 표현하는 비유법. ② 개미와 베짱이 이야기는 근면성을 칭송하는 알레고리이며, 조지 오웰(George Owell)의 〈동물농장〉은 전체주의를 비유한 알레고리다. 일반적으로 우화(遇話)로 봐도 무방하지만 대체로 우화보다는 길고 중층적이라는 특징이 있다. 가치, 정신 등 무형의 이념을 전달하는 광고에서 메시지를 효과적으로 구성하기 위한 수단으로 이와 유사한 표현 형식을 사용하기도 한다.

**알앤디 (R&D; Research and Development)** 경영 기초 연구와 그것을 기반으로 하여 제품화까지 진행하는 개발 업무.

**알이백 (RE100)** Renewable Electricity(재생가능 에너지) 100%의 약자로, 기업이 쓰는 전기의 100%를 재생에너지로 사용하는 것을 말한다. RE100은 영국의 글로벌 비영리단체인 '더 클라이밋 그룹'과 글로벌 환경경영 인증기관인 탄소정보공개 프로젝트(CDP)가 2014년부터 추진하고 있는 국제캠페인이다. 글로벌 RE100의 경우 가입조건도 까다롭다. 연간 100GWh 이상의 전력을 소비하고 미국 경제지 '포춘'이 선정한 1000대 글로벌 기업 중 RE100 심사기구를 통과해야 한다.

**알테리티 (alterity)** ① 딴 것임, 타자성(他者性), 남임. ② 절대적으로 다른 것을 형용하는 말.

**앙가주망 (engagement)** ① 현실 참여. ② 원래는 계약 구속의 뜻이나 학자나 예술가 등이 정치나 사회 문제에 관심을 가지고 그 계획 따위에 참여하여 간섭하는 일.

**앙상블 (ensemble)** ① 전체적인 분위기나 짜임에 맞는 어울림이나 통일. ② [음악] 주로 실내악을 연주하는 소인원의 합주단이나 합창단. ③ [의류] 드레스와 재킷 등을 같은 천으로 만들어 조화를 이룬 한 벌의 여성복. ④ 음악 연주나 연극 공연 따위의 통일적인 효과나 조화. ⑤ 복장이나 배색(配色)이 이루는 조화. ⑥ (연극) 배우 전원의 협력에 의하여 통일적인 효과를 얻으려는 연출법.

**애니메이션 (animation)** 동작이나 모양을 조금씩 달리한 그림이나 인형을 연속시켜 마치 살아 있는 것처럼 보이게 촬영한 영화 또는 그 영화를 만드는 기술.

**애드리브 (ad-lib)** 연극이나 방송에서 출연자가 대본이나 각본에 없는 말이나 연기를 즉흥적으로 하는 일. 또는 재즈 음악에서 연주자가 즉흥적으로 행하는 연주.

**애들레저룩 (Athleisure Look, Athletic Leisure Look)** 스포츠 웨어와 일상복의 경계를 허문 가벼운 스포츠웨어를 이르는 말.

**애자일 조직 (Agile Organization)** 애자일은 '날렵한', '민첩한', '기민한'이라는 의미다. 애자일 조직은 부서 간 경계를 허물고 필요에 맞게 소규모 팀(Cell)을 구성하여 업무를 수행한다. 불확실성이 높은 비즈니스 상황 변화에 대응하여 빠르게 성과를 도출하는 것이 목표다.

**애플리케이션 (application)** 스마트폰에서 실행하는 응용 프로그램을 말한다. '앱' 이라고 줄여서 부르기도 한다. 스마트폰이 등장하면서 휴대전화의 기능과 활용도가 무궁무진해졌다. 애플리케이션 역시 스마트폰의 등장과 함께 생겨났다.

**액티브 (active)** ① 활동적인. ② 현재 활동하고 있는. ③ 활발한.

**앰부시 마케팅 (Ambush Marketing)** 앰부시(Ambush)는 매복을 뜻하는 단어로, 앰부시 마케팅은 공식 후원업체가 아니면서도 매복을 하듯 숨어서 후원업체라는 인상을 주어 고객에게 판촉을 하는 마케팅 전략을 말한다. 월드컵의 경우를 예로 들면, FIFA 공식 후원업체가 아니고선 월드컵이라는 이름을 내걸지 못한다. 그렇기 때문에 매복하듯 살짝 숨어 개인선수나 붉은 악마 등을 활용해 월드컵 관련 업체인 듯 광고하는 것이 앰부시 마케팅에 속한다고 할 수 있다.

**앵똘레랑스** (intolerance)  관용하지 못함, 불관용(不寬容). '뉴라이트'가 대표적인 그들의 기반. —너 빨갱이지, —너 전라도 사람이지.

**양적완화** (**量的緩和**; QE/ Quantitative Easing)  금리 인하를 통한 경기 부양의 효과가 한계에 다다랐을 때(기준금리가 제로에 가까운 상황에서 금리를 더 내릴 수 없는 상황), 중앙은행이 국채를 매입하는 방법 등으로 통화의 유동성을 높이는 정책. 자국의 통화가치를 하락시켜 수출경쟁력을 높이는 것이 목적이다.

**어그로** (aggro)  관심을 끌고 분란을 일으키기 위하여 인터넷 게시판 따위에 자극적인 내용의 글을 올리거나 악의적인 행동을 하는 일.

**어드밴티지** (advantage)  ① 이점. ② 사회적 우위. ③ 유리. ④ 이익. ⑤ 혜택.

**어드벤처** (Adventure)  모험. 모험심.

**어메이징** (amazing)  ① 놀랄 만한. ② 기가 막힌.

**어목연석** (**魚目燕石**)  물고기의 눈과 중국 연산(燕山)에서 나는 돌은 모두 옥과 비슷하지만 옥이 아니란 뜻으로 본질과는 완전히 다른 것을 이르는 말.

**어벤저** (avenger)  ① 복수자. ② 원수를 갚는 사람.

**어벤져스** (avengers)  ① 복수자들. ② 원수를 갚는 사람들. ③ 지구 최강의 영웅들.

**어뷰징** (abusing)  ① 과용, 남용, 오용. ② 자신의 이해관계를 관철하기 위해 시스템의 정상적 운영을 파괴하는 변칙적인 방식으로 시스템을 악용하는 행위를 말한다. 예) 대량 중복 가입을 통해 게시물의 추천 수를 올리는 행위가 대표적인 어뷰징이다.

**어셈블 (assemble)** ① 편집 작업 시 가편집을 위해 촬영과 현상을 끝낸 편집용 필름을 대략적인 순서로 모으는 작업. ② 20여 명의 영국 건축가와 디자이너들이 모인 단체—2010년에 결성된 영국에 기반을 둔 단체로 미술, 디자인, 건축 분야를 전공한 청년들로 구성, 지역 주민이 참여하는 지역운동과 커뮤니티 재생에 기여 2015년 처음으로 터너 단체상을 수상했다.

**어워드 (award)** ① (심사 등을 한 다음) 수여하다. ② 재정(裁定)하다. ③ 상. ④ 상금.

**언더그라운드 (underground)** 사전상 의미는 지하운동. 줄여서 '언더' 라고도 한다. 대중문화에 속하지 않고 순수한 목적에서 자신만의 문화를 지향하는 부류를 말한다. 음악의 경우 일반적으로 언더밴드라 하면 클럽에서 메탈이나 록, 힙합을 연주하는 그룹을 통칭한다. 한국에서는 1990년대에 획일적인 대중문화에 저항하는 세력으로 등장하기도 했다. 젊은이들이 많이 모이는 홍대 주변의 소극장 등에서 많이 활동하고 있다.

**언더도그마 (underdogma)** ① 힘의 차이를 근거로 선악을 판단하려는 오류. ② 언더독과 도그마의 합성어로서 미국의 보수우파가 처음으로 사용했는데, 언더독 즉 약자들은 무조건 선이고, 그 위에 부자나 사회지도층을 형성하는 강자들은 악으로 생각하는 경향을 비판하기 위해 생긴 용어이다.

**언더독 (underdog)** 사회적인 약자. 스포츠에서 우승이나 이길 확률이 적은 팀이나 선수를 일컫는 말.

**언빌리버블 (unbelievable)** ① 믿을 수 없는. ② 믿기 어려운. ③ 놀랄만한.

**언택트 (untact)** ① 사람을 직접 만나지 않고 물품을 구매하거나 서비스 따위를 받는 일. ② 비대면 접촉을 뜻하는 조어. '접촉(contact)' 이라는 말과 부정을 뜻하는 'un' 을 결합해서 만든 신조어로, 무인기거나 인터넷의 사용이 증가하면서 사람과 사람 사이에 직접적인 대면 접촉이 줄어드는 양상을 의미하는 의미로 사용된다. 2017년 국내에서 비대면 기술을 뜻하는 용어로 만들어진 후, 2020년 코로나바이러스감염증-19의 방역을 위한 사회적 거리 두기가 일상화된 상황에서 주목받는 트렌드 용어로 떠올랐다. 같은 의미의 영어권 용어는 '넌컨택트(noncontact)', '노컨택트(no-contact)', '제로 콘택트(zero contact)' 등이다.

**언팔로우 (unfollow)** 자신이 SNS상에서 친구로 등록했던 사람에게 친구 끊기 하는 것.

**얼롯먼트 (allotment)** ① (전기공학) 특정한 구역 또는 나라마다 사용할 수 있는 주파수를 권한 있는 회의에서 결정하고 채널 계획을 지정하는 것을 말한다. ② (영) (시(市) 등이 대여하는) 시민 농장. ③ (미군의) 공제 급료: 급료 중에서 본인의 희망으로 가족 등에게 직접 전달되는 몫.

**업데이트 (update)** 컴퓨터 파일이나 데이터가 최신의 것으로 바뀌는 것. 기존 정보를 최신 정보로 바꿈(updater-갱신하는 사람).

**에디터 (editor)** ① 편집인, 편집자, 주필. ② 프로그래밍 도구 및 문서 작성 도구의 하나로서, 프로그램이나 문서 또는 그림의 입력과 편집을 위하여 사용하는 시스템.

**에딕스 (ethics)** 윤리, 윤리학, 도덕.

**에로스 (Eros)** 사랑의 신. 관능적 사랑.

**에로틱하다 (erotic하다)** 느낌이나 분위기 따위가 성적 욕망이나 감정을 자극하는 데가 있다. 선정적. 색정.

**에스디알 (SDR; Special Drawing Rights)** 특별 인출권. 국제통화기금 (IMF) 회원국이 외환위기를 당했을 때 IMF에서 끌어다 쓸 수 있는 긴급 자금. '페이퍼 골드(Paper Gold)' 라는 별칭도 있다. 금과 달러 등의 준비자산을 보완하는 제3의 통화다. SDR은 IMF 회원국이 경제위기에 처할 때 담보 없이 인출할 수 있는 권리이기도 하다.

**에스엔에스 (SNS; Social Network Service) (통신)** 온라인상에서 불특정 타인들과의 관계망을 구축하고 정보 관리를 도와주는 서비스. 이용자들은 이를 통해 새롭게 인맥을 쌓거나 기존 인맥과의 관계를 강화시킬 수 있다.

**에스프레소 (espresso)** 강한 압력으로 추출한 이탈리아식 커피. 에스프레소는 이탈리아어로 '빠르다, 신속하다' 의 뜻이다. '에스프레소' 라는 용어는 현대의 에스프레소 머신이 존재하기 전인 1880년대에 이미 사용되기 시작했다. 처음의 뜻은 고객의 주문에 맞추어(expressly) 추출한 신선한 커피라는 의미였다. 오늘날 에스프레소는 '곱게 갈아 압축한 커피 가루에 에스프레소 머신이 9~11bar의 압력으로 뜨거운 물을 가하여 짧은 시간 동안 추출한 고농축 커피' 를 의미한다.

**에이밍 (aiming)** 골프나 양궁 따위에서 조준점을 맞추어 겨냥하는 일.

**에이스 (Ace)** 카드에서 좋은 패인 A카드에서 유래한 말로 어떤 조직에서 기량이 가장 뛰어난 인물, 상황을 의미한다.

**에이에스엠알 (ASMR)** 자율(Autonomous), 감각(Sensory), 쾌락(Meridian), 반응(Response)의 줄임말로 뇌를 자극해 심리적인 안정을 유도하는 영상이나 음성. 바람이 부는 소리, 연필로 글씨를 쓰는 소리, 바스락거리는 소리 등을 다룬다. ASMR은 주로 청각을 중심으로 시각적, 촉각적, 후각적, 관념적 자극에 반응하여 나타나는 심리적 안정감, 알 수 없는 만족감, 표현할 수 없는 쾌감 등 여러 가지 감각적 경험을 주는 콘텐츠를 의미한다. 빗소리, 바람소리, 물 흐르는 소리 등 우리가 흔히 백색 소음이라고 부르는 듣기 좋은 일상의 소리를 들려주는 콘텐츠로부터 시작된 것이라고 볼 수 있다. 밤에 잠이 오지 않을 때 빗소리를 틀어놓고 잠을 청한다든지, 공부할 때 바람소리 혹은 도서관의 작은 소음을 틀어놓고 한다든지 등, ASMR 콘텐츠의 시작은 마음을 편안하게 만드는 일상의 소리가 그 중심이었다.

**에이엔시 (ANC; African National Congress)** 아프리카 민족회의. 남아프리카공화국의 흑인해방조직으로, 잠비아의 수도 루사카에 망명 본거지를 두고 있다. 1925년에 정식으로 발족했으며, 전신은 1912년에 탄생한 남아프리카 원주민족회의이다. ANC가 불복종투쟁에서 무장투쟁으로 변질하면서 1961년에 군사부문이 '민족의 창(槍)'(MK)을 창설했다. 1960년의 샤프빌 사건을 계기로 불법화되었고, 1962년에는 해방운동의 심볼인 넬슨 만델라 의장(당시)이 체포되었다. 그 후 ANC는 게릴라 활동을 계속 펴는 한편, 합법화와 만델라 석방을 요구하였지만 정부측이 무장투쟁 포기를 요구했기 때문에 대화는 진척되지 않았다. 1986년 5월 정부군은 이웃 3개국의 ANC 기지를 공격, 힘에 의한 봉쇄를 기도했다. 현재는 합법적 반정부단체로 전국민의 80%를 차지하는 흑인들을 이끌고 있으며, 1994년 최초로 흑인정부를 세웠다.

**에이전트 (agent)** ① 대리인, 대행자, 또는 중개자. ② 다양한 분야에서 본인이 아닌 다른 사람을 대신해 업무를 처리하거나 특정 작업을 수행하는 역할을 담당하는 사람(존재).

**에이치엠오 (HMO; health maintenance organization)** 미국의 건강 유지 조직(건강 유지 기구).

**에코 (echo)** 희랍 신화중에 에코우에서 유래. 소리가 어떤 물체에 부딪쳐 되울리도록 하여 극적이고 신비스러운 분위기를 주는 기계적 효과음, 산울림, 메아리.

**에토스 (ethos)** 에토스(고대 그리스어: ἦθος, ἔθος, ēthos)는 '성격',

'관습' 등을 의미하는 고대 그리스어다. 20세기까지는 '특질'로 번역하여 사용하기도 했으나, 현재는 외래어로 사용한다. 아리스토텔레스는 수사학에서 에토스라는 단어에 철학적 의미를 부여했다. 그의 정의에 따르면 에토스는 화자(話者) 고유 성품을 뜻한다. 체형, 자세, 옷차림, 목소리, 단어선택, 시선, 성실, 신뢰, 카리스마 등이 에토스에 속한다. 오늘날 이 단어는 민족 혹은 사회별로 특징지어지는 관습 혹은 특징을 지칭하는 데 사용되고 있다.

**에프디에이 (FDA; Food and Drug Administration)** 미국 식품 · 의약품국.

**에필로그 (epilogue)** ① 시, 소설 등에서 내용이 완결된 후 작가가 자신의 주장, 해석 또는 최종적인 결말 등을 진술하는 종결 부분. ② (연극) 극의 마지막에 추가한 대사나 장면, 또는 극의 마지막에 배우가 관객에게 연극에 대한 해석이나 최종적인 결말, 인사말 등을 하는 부분. ③ (음악) 곡의 끝에 붙는 종결 부분. 특히 소나타 형식에서 제2주제 뒤의 작은 종결부(終結部)를 이른다.

**엑기스 (ekisu)** 원래 영어 엑스트랙트(extract)에서 나온 말로서 '농축액', '추출액' 등의 뜻을 가지고 있는 말이다. 굳이 줄여 쓰려면 '엑스'라고 써야 옳다. 엑기스는 엑스트랙트의 일본식 표기다. 우리말로는 농축액, 진수로 쓰는 것이 옳다.

**엑서비션 (exhibition)** 제시, 전람, 전시, 진열.

**엑설런트 (excellent)** 최고다, 굉장하다, 훌륭하다, 끝내준다 등을 나타낸다.

**엑소더스 (Exodus)** ① 어떤 지역이나 상황에서 빠져나가는 일. ② 탈출, 많은 사람들이 동시에 특정 장소를 떠나는 상황. 예) 성서의 출애굽기.

**엑소시즘 (exorcism)** ① 마귀를 쫓아냄. ② 불제(祓除)의 의식. ③ 불쾌한 기억 · 경험의 소거. ④ 액막이.

**엑스세대 (X世代)** X세대란 1961년에서 1984년 사이에 출생한 연령층을 일컫는다. 캐나다의 더글러스 코플랜드의 소설 『X세대』(Generation X, 1991년)에서 따온 말이다. 부모가 이룩해 놓은 복지상태를 포기한 첫 세대라고 한다. 이들은 1980년의 불경기가 그들의 미래를 박탈하여 미래에 대한 공포와 불안으로 가득한 잊혀진 세대란 뜻이다. 따라서 이들은 호화로움을 거부하고 최소한도의 것만으로 자신의 삶을 꾸려가고자 하며 사회와 기성세대에게 도덕성과 공정성을 강력하게 요구한다. 그러나 이러한 본래의 뜻보다는 반항적이고 제멋대로이고 주위의 눈치를 보지 않는 개성파들이고 뭔가 튀는 세대라는 뜻으로 널리 알려져 있다.

**엑스터시 (ecstasy)** 감정 따위가 고조되어 자기 자신을 잊고 황홀경에 이르는 현상. 신비주의의 최고 목표를 가리키는 용어. 그리스어로 '자기 바깥에 서 있음' 또는 '자기를 초월함' 이라는 뜻의 ekstasis에서 유래.

**엑시트 (Exit)** 엑시트(Exit)란 투자 후 출구전략을 의미하는데 투자자의 입장에서 자금을 회수하는 방안을 의미한다(탈출). 예를 들어 벤처기업의 엑시트 전략으로는 매각, 주식시장에 상장, 인수합병, 기업청산 등이 있을 수 있다.

**엔데믹 (endemic)** 엔데믹이란 종식되지 않고 주기적으로 발생하거나 풍토병으로 고착화된 감염병을 말한다. 이에 해당하는 질병으로 말라리아, 뎅기열 등이 있다. 백신이나 치료약 등이 나와 질병에 대한 다양한 대책이 마련되면 발병 예상이 가능하고 발병지역이 좁은 엔데믹이 된다.

**엔세대 (N世代)** 디지털 기술과 함께 성장해서 디지털 기기를 능숙하게 다룰 줄 아는 젊은 세대.

**엔에프티 (NFT; Non-fungible Token; 대체 불가능 토큰)** 블록체인 기술을 바탕으로 만들어진 가상자산이라는 점에서는 비트코인과 비슷하다.

**엔지오 (NGO)** 정부 사이의 협정에 의하지 않고 민간단체들이 중심이 되어 여론을 형성하기 위해 만들어진 비정부 조직. ↔ 정부기구.

**엔터테이너 (entertainer)** ① 접대자. ② (직업적으로) 남을 즐겁게 해주는 사람. ③ 연예인.

**엔터테인먼트 (entertainment)** ① 연예인들을 지원해 주는 소속사. ② 많은 사람들을 즐겁게 하는 것을 바탕으로 하는 문화 활동의 하나로 코미디, 음악, 토크 쇼(talk show) 따위가 있다.

**엔트리 (entry)** ① 경기나 경연 따위에 참가하기 위한 등록. ② 경기나 경연 따위에 참가하는 사람들. 또는 그들의 명부.

**엔피티 (NPT; Nuclear Nonproliferation Treaty)** 핵 확산 방지 조약.

**엘레강스 (elegance)** 엘레강스란 '고상한, 우아한, 기품 있는, 품위 있는, 격조 높은, 멋진' 이라는 뜻으로 이러한 풍의 의상들을 총칭한다.

**엘레지 (프랑스어 elegie)** ① 서정시의 일종으로 애도와 비탄의 감정을 표현한 시. 셸리, 밀턴, 테니슨 등의 작품이 유명하다. ② 슬픔을 노래한 악곡이나 가곡.

**엠디엘 (MDL; Military Demarcation Line; 군사분계선)** 휴전 또는 정전시 대치하고 있는 양군의 태세를 고정화시키거나 전선에서 병력을 분리시키기 위해서 설정하는 기준선이다. 보통 휴전이 성립된 시점의 전선을 MDL로 삼는데, 적대행위의 발생을 예방하기 위해서 MDL을 따라 병력을 분리시키고 완충지대를 설치하는 경우도 있다. 이때 비무장지대(DMZ)를 군사분계선의 양측에 설치해서 비무장지대 내에서의 무장을 금지시키고 이행 여부를 국제적인 감시위원회에서 감시하게 한다. 한국의 경우 MDL은 1953년 7월 27일 유엔군 측과 공산군 측이 합의한 '한국 군사정전에 관한 협정(정전협정)' 에 의해 육상에 그어진 선, 즉

휴전선을 의미한다. 정전협정 제1조는 양측이 휴전 당시 점령하고 있
던 지역을 기준으로 MDL을 설정하고 상호 간에 이 선을 침범, 적대행
위를 하는 것을 금지하고 있다.

**엠블럼 (emblem)** 문장(紋章). 브랜드명이나 차종, 차격 등을 나타내기
위해서 사용되는 장식부품. 유럽 차에는 가문(家紋)이나 시의 문장을
넣어서 디자인한 것이 많다.

**엠엠에프 (MMF; Money Market Fund)** 고객의 돈을 모아 금리가 높은
CD(양도성예금증서), CP(기업어음), 콜 등 단기금융상품에 집중 투자
해 여기서 얻는 수익을 되돌려주는 실적배당상품. 고수익상품에 운용
하기 때문에 다른 종류보다 돌아오는 수익이 높은 게 보통이다. 미국
최대의 증권사인 메릴린치가 1971년 개발해 금리자유화가 본격화됐던
1980년대 선풍적인 인기를 끌었던 금융상품으로, 단기금융상품에 집
중투자해 단기 실세금리의 등락이 펀드 수익률에 신속히 반영될 수 있
도록 한 초단기공사채형 상품이다. MMF는 보통 1개월이 경과해야 환
매가 가능한 클린 MMF와 제한이 없는 신종 MMF로 나뉜다(머니 마켓
펀드).

**엠지세대 (MZ Generation)** MZ세대는 1980년부터 1994년생까지를 일컫
는 밀레니얼(M) 세대와 1995년부터 2004년 출생자를 뜻하는 Z세대를
합쳐 일컫는 말이다. 통계청에 따르면 MZ세대는 2019년 기준 약 1700
만 명으로 국내 인구의 약 34%를 차지한다. MZ세대는 디지털 환경에
익숙하고, 트렌드에 민감하며 이색적인 경험을 추구한다. 특히 SNS 활
용에 능숙한 MZ세대는 유통시장에 강력한 영향력을 발휘하고 있다.

**엣지 (edge)** ① 개성, 센스, 독특, 특징. ② 개성 있게 한 치의 오차 없이
완벽하게.

**역린 (逆鱗)** 임금의 분노. 용의 턱 아래에 거슬러서 난 비늘이 있는데 건

드리면 성을 내어 그를 죽인다고 하는 전설에서 생긴 말.

**역책 〔易簀〕** 학덕이 높은 사람의 죽음이나 임종을 이르는 말. 증자가 죽을 때를 당하여 삿자리를 바꾸었다는 데서 유래한다. 『예기』의 〈단궁편(檀弓篇)〉에 나오는 말이다. ※ 이퇴계의 임종 : 임종하던 날 8월 아침 평소에 사랑하던 매화분에 물을 주게 하고 침상을 정돈시킨 후 일으켜 달라고 해 단정히 앉은 자세로 역책(易簀)하였다.

**염승 〔厭勝〕** 불길한 기운을 막거나 제압하기 위한 어떠한 시설이나 장치. 예) 관악산의 화기를 막기 위한 광화문 해태상.

**영포티 〔young forty〕** 나이보다 젊게 살려고 하는 사십대를 이르는 말 (1972년을 전후해서 태어난 중년의 삶을 살아가는 세대).

**오르그 〔org〕** 오르거나이저(organizer). 노동자, 농민들 사이에 들어가 조합이나 무산(無産)정당을 조직하는 사람. 조직자.

**오리엔탈리즘 〔orientalism〕** ① 서양인의 시각에서 동양을 바라보는 왜곡되고 전도된 관점. ② (기본의미) 동양의 언어나 문학, 미술, 역사, 종교, 풍속 따위를 연구하는 학문(東洋學).

**오마카세 〔おまかせ; 御任せ〕** ① 주방장이 만드는 특선 일본 요리(대부분 주방장이 엄선한 제철 식재료로 만든 요리를 코스로 손님에게 낸다). ② 스스로 판단·선택하지 않고, 타인에게 맡기는 것, 일임하는 것.

**오세아니아 〔Oceania〕** 오스트레일리아, 뉴질랜드를 포함하여 여러 섬으로 이루어져 있는 대륙.

**오커스 〔AUKUS; Australia, United Kingdom, United States〕** 호주, 영국, 미국 세 국가가 2021년 9월 15일 공식 출범한 삼각동맹을 말한다. 오커스라는 명칭은 호주(Australia), 영국(UK), 미국(US)의 국호 첫 글자 및 이니셜을 따 지은 것이다. 미국의 대중국 포위망 강화와 영국의 '포스트 브렉시트(Brexit; 영국의 EU 탈퇴)' 전략에 따른 아태 지역에서의 역할 증대, 그리고 중국 팽창에 대비해 국방력 증가를 추진하고 있는 호주의 이해관계가 맞아떨어져 탄생했다.

**오컬트 (occult)** 과학적으로 해명할 수 없는 신비하고 초자연적인 현상. 또는 그러한 현상을 일으키는 기술. 예) 오컬트 소설, 오컬트 영화.

**오티티 (OTT; Over The Top) 서비스** 인터넷 기반으로 동영상 등 콘텐츠를 제공하는 서비스. 텔레비전에 연결하여 사용하던 셋톱박스에서 유래한 이름으로 IT 기술의 발달에 따라 인터넷을 기반으로 다양한 단말기를 통해 최종 시청자에게 시공간의 제한 없이 동영상을 제공하는 서비스를 의미하게 되었다. 초기에는 플랫폼, 단말기, 콘텐츠 등에 따라 사업자의 유형이 나뉘어졌으나 점차 플랫폼 중심으로 통합되는 추세를 보이고 있다. 유튜브, 넷플릭스(Netflix), 웨이브(wavve) 등이 주요 사업자이다.

**오픈 마켓 (open market)** 인터넷에서 판매자와 구매자를 직접 연결하여 자유롭게 물건을 사고 팔 수 있는 곳.

**옥션 (Auction)** 1998년 4월 국내 최초의 인터넷 경매사이트로 시작하여 현재 경매는 물론 즉시 구매, 고정가 판매 등 다양한 방식으로 물품을 구매 또는 판매할 수 있는 국내 대표적인 온라인 마켓 플레이스. 2001년 2월, 세계적인 전자상거래 업체 eBay를 대주주로 영입해 선진 시스템을 도입하고 글로벌 기업으로 거듭났다.

**옥시덴탈리즘 (occidentalism)** 서양을 표상하는, 즉 서양이라는 어떤 이미지를 만들어내는 방식.

**옥시모론 (oxymoron, 형용모순)** [수사학] 모순 [당착] 어법: 뜻이 대립되는 어구를 나열함으로써 새로운 뜻이나 효과를 노리는 수사법; 예) an open secret 공공연한 비밀, 찬란한 슬픔, 침묵의 웅변, 쾌락의 고통 등.

**온택트 (ontact)** 비대면을 뜻하는 '언택트(untact)'에 온라인 연결(on)이라는 개념이 더해진 뜻으로 온라인을 통해 소통을 이어가는 방식을 말한다(온라인 접촉). 코로나19 사태로 사회적 거리 두기가 시행되자 기업과 사람과의 연결에 대한 필요성이 대두되면서 등장하였다. 기존 언택트는 카페, 편의점 등의 소비자 구매 시스템에 적용되는 수준이었지만 코로나19 사태 이후 사회 전반에 다양한 아이디어와 접목되며 새로운 트렌드인 온택트 문화를 만들어내고 있다.

**옴부즈맨 (ombudsman)** 공무원의 권력 남용에 대한 국민의 불평을 조사하고 국민의 권리가 보호되고 있는지 감시하는 입법부의 위원. 민원을 받아들이는 사람, 개인의 권리 옹호자(행정 감찰제도 또는 보충적 국민 권리 구제 제도).

**옵션 (option)** ① 선물 거래에서 일정 기간 내에 특정 가격으로 상품, 주식, 채권 등을 팔거나 또는 살 수 있는 권리. ② 각종 기기에서 표준장치 이외에 구입자의 기호에 따라 별도로 선택하여 부착할 수 있는 장치. 선택권, 자유선택.

**와이너리 (Winery)** 포도주 만드는 공장.

**와이어 투 와이어 (wire to wire)** 자동차 경주, 경마, 육상 경기, 골프 등에서 사용되는 스포츠 용어로 경기 처음부터 끝까지 1등을 유지하며 우승하는 일. 공동 선두를 허용하였더라도 기록이 인정된다.

**와이파이 (Wi-Fi)** 무선 데이터 전송 시스템(wireless fidelity)의 줄임말이다. 1985년 미국 연방통신위원회가 허가 없이도 사용할 수 있는 무선 주파수를 배포하기로 결정하면서 출발했다. 1997년 선두업체로 이루어진 위원회는 공통의 기준을 창안해냈고, 2년 후 비영리 조직인 미국 무선랜협회(WECA)가 조직되면서 새로운 기술을 와이파이로 명명했다. 와이파이는 전용선이나 전화선이 없이 근거리통신망을 가동시킬 수 있어 가정 및 사업장 네트워크 시스템으로 많이 선택되었으며 노트

북과 휴대전화, 개인용 휴대 정보 단말기(PDA), 전자 게임기 등 많은 장치들에 무선 광대역 인터넷 접속을 가능하게 해준다. 무선 인터넷 장치를 휴대하고 핫스팟이라고 불리는 와이파이 접속 가능 지역에 가면 인터넷 접속이 가능하다.

**왝더독 (Wag the dog)** 왝더독은 '꼬리가 몸통을 흔든다' 는 뜻으로 주객(主客)이 전도되었다는 말이다. 이는 정치인들이 불미스러운 행동이나 부정행위 등으로 비난을 받을 때 국민들과 여론의 시선을 다른 곳으로 돌리려고 연막을 치는 행위를 지칭한다. 경제 분야에서는 선물 매매(꼬리)가 현물 주식시장(몸통)을 뒤흔드는 현상을 의미한다.

**요 (夭)** 20세 이전 사망(夭夭)한 경우.

**우버 (Uber)** 스마트폰 앱으로 택시가 아닌 일반 차량을 배정받을 수 있는 교통중개 서비스다. 우버는 2010년 미국 샌프란시스코에서 출발했는데, 초기 이름은 우버캡(ubercab)이었다. 하지만 샌프란시스코 시 당국이 택시 사업과 유사하다는 이유로 '정지 명령' 을 내리자 '택시' 를 뜻하는 '캡' 을 빼고 우버로 이름을 바꾸었다. 우버는 우버 블랙(Uber BLACK)과 우버 X(Uber X), 두 종류의 서비스를 제공하고 있다. 우버 블랙은 고급 콜택시 서비스로 일반 택시에 비해 가격이 2배가량 높다. 우버 X는 택시 운전 자격증이 없는 일반 운전자들이 기사로 참여하기 때문에 가격이 싸다. 2014년 12월 현재 우버가 진출한 나라는 44개국, 170개 도시에 달한다.

**우사인 볼트 (Usain Bolt)형** ① 상체는 빠르게 또는 안정적이게 달리는 것처럼 보이지만 멀리서 본 하체는 부실하기 그지없는 사람을 일컫는 말. ② 자메이카의 육상 선수. 2008년 베이징 올림픽에서 100m와 200m 경기에서 세계신기록을 세우며 금메달을 땄다. 본래 유럽 축구팀 맨체스터 유나이티드의 팬으로 축구에 관심을 가졌으나 주변의 권유로 육상을 시작했다. 2002년 15세의 나이로 세계 주니어 선수권대회에서 200m 금메달을 따면서 주목받았다.

**워너비 (Wannabe)** 닮고 싶은 사람이나 갖고 싶은 물건을 동경하는 마음과 행동.

**워닝 (warning)** 승리를 결정짓는.

**워딩 (wording)** 자기의 생각이나 주장을 효과적으로 전달하는 언어 표현.

**워라밸 (work-life balance)** '워크 라이프 밸런스'를 줄여 이르는 말로, 직장을 구할 때 중요한 조건으로 여기는 일과 개인의 삶 사이의 균형을 이르는 말. 새로운 시대정신이 됨.

**워리어 (warrior)** 군인, (정계의) 투사. 전투경험이 많은 군인. ① 키보드 워리어―온라인 공간에서 익명성을 이용해 적극적으로 의견을 표현하거나 논쟁에 참여하는 사람들(현실에서는 적극적으로 나서지 않거나 소극적일 수 있지만, 인터넷에서는 매우 적극적이고 공격적인 태도를 보이는 경우가 많음). ② 카 워리어―평소엔 얌전한 사람이 운전을 하면 성격이 난폭해지는 사람.

**워커홀릭 (workaholic)** 일을 하지 않으면 초조해 하거나 불안해 하는 성향이나 태도. 또는 그런 사람.

**워크숍 (workshop)** 학교 교육이나 사회 교육에서 학자나 교사의 상호 연수를 위하여 열리는 합동 연구 모임.

**워킹맘 (working mom)** 일과 육아를 병행하는 여성을 이르는 말.

**원마일 웨어 (One-mile wear)** 동네, 집에서 1마일(1.6km) 구역 내에서 착용하는 의복. 홈 웨어에 약간의 패션성을 갖춘 의복. 격식을 갖춘 옷이 아니라, 가정에서 한가할 때에 입는 홈웨어의 요소와, 집 근처로 물건을 사러 나갈 때 입고 갈 수 있는 정도의 패션을 갖춘 것을 총칭한다.

느슨한 실루엣이나 니트, 스웨트 등 착용감이 좋은 소재가 쓰일 때가 많다.

**웨어러블하다 (Wearable하다)** 실용적이고 편의성이 있다.

**웰 다잉 (Well-Dying)** 품위 있고 존엄하게 생을 마감하는 일. 행복한 죽음.

**웰빙 (Well-being)** 육체와 정신의 조화를 통해 행복하고 안락한 삶을 지향하는 삶의 유형, 또는 문화 현상. 1960년대 미국의 히피주의나 로하스족이 그 유래로 추정된다. 사전적 의미로는 '복지·안녕·행복'을 뜻하며, 우리말로는 '참살이'라고 번역되어 사용되기도 한다.

**웹 (Web; World Wide Web)** 인터넷에서 정보를 교환하는 시스템.

**웹툰 (Webtoon)** 인터넷을 통해 연재하고 배포하는 만화. 웹(web)과 카툰(cartoon)의 합성어이다.

**위마드 (womad)** 여성 우월주의를 주장하는 남성 혐오 성향이 짙은 인터넷 커뮤니티 사이트로 여성(woman)과 유목민(nomad)의 합성어다. 메갈리아(여성 혐오를 남성에게 반사하여 적용하는 '미러링'을 사회 운동 전략으로 삼아 주목을 받은 커뮤니티 사이트)에서 파생됐다.

**유니크 (unique)** ① 독특한. ② 특별한. ③ 고유의. ④ 특이한. ⑤ 유일한.

**유니크하다 (unique하다)** ① 독창적이며 개성이 있다. ② 오직 하나뿐인, 유일한, 다시없는, 극히 드문.

**유리천정 (glass ceiling)** 외관상 공식적으로 차별이 없는 것처럼 보이지만 암묵적으로 존재하는 회사 내 차별을 말한다. 주로 여성이나 유색인종 등이 고위직으로 올라가는 것을 가로막는 보이지 않는 장벽이 있다는 것을 비유적으로 표현한 용어다.

**유미주의 (唯美主義; aestheticism 또는 estheticism)** 예술은 그 자체로서 자족한 것으로 윤리적·정치적·비심미적 기준에 의하여 평가되어서는 안 된다는 문예사조. 미의 창조를 예술의 유일 지상의 목적으로 삼는 예술사조. 탐미주의(耽美主義).

**유비쿼터스 (ubiquitous)** 유비쿼터스는 '언제 어디서나 존재한다' 는 뜻의 라틴어로, 사용자가 컴퓨터나 네트워크를 의식하지 않고 시간과 장소에 상관없이 자유롭게 네트워크에 접속할 수 있는 환경을 말한다. 유비쿼터스는 유비쿼터스 컴퓨팅에서 출발하여 유비쿼터스 네트워크로 그 개념이 확장되고 있다.

**융커 (Junker)** 프로이센과 동부 독일의 지주계층 귀족을 일컬음. 독일제국(1871~1918)과 바이마르 공화국(1919~33) 시대에 상당한 정치권력을 행사했다. 1871~1890년 제국 총리였던 오토 폰 비스마르크 자신도 융커 출신이었으며, 처음에는 융커 계층의 이익을 대변하는 인물로 간주되었다.

**이너 써클 (inner circle)** (조직, 권력을 쥐고 있는) 핵심층(중추세력).

**이너프 (Enough)** 필요한 만큼, 필요한 만큼 되는 수.

**이노베이션 (innovation)** 낡은 기술, 설비, 방법 따위를 버리고 새롭고 선진적인 기술과 공정을 도입하여 기술적 측면에서 근본적으로 변화를 꾀하는 것. ① 채용된 새로운 것(새 고안). ② 혁신. ③ 변경한 것. ④ 쇄신.

**이니셔티브 (initiative)** ① 주장이 되는 위치에서 이끌거나 지도할 수 있는 권리. ② 국민이나 지방자치 단체의 주민이 법의 제정, 개정 또는 폐지의 제안을 할 수 있는 제도. 우리나라도 1962년 제5차 개헌에서 이 제도를 채택하였으나 1972년 제7차 개헌 때 폐지되었다.

**이데올로기 (Ideologie)** 개인이나 사회 집단의 사상, 행동 따위를 이끄는 관념이나 신념의 체계.

**이머징 (emerging)** 최근에 생겨난. 최근에 만들어진. 떠오르는, 부상. 나타나는.

**이미지 (image)**  심상(心象). 감각에 의하여 획득한 현상이 마음속에 재생된 것.

**이슬람 근본주의**  이슬람은 기본적으로 알라를 유일신으로 숭배하고 경전인 코란과 마호메트의 언행록인 하디스의 교리와 율법을 따르는 종교이다. 이를 신봉하는 무슬림(이슬람교도)들에게는 생활양식을 의미하며 이와 같은 이슬람의 교리나 이념은 불변이라고 생각하는 데서 출발한다.

**이커머스 (Electrinic Commerce)**  전자 상거래. 온라인 네트워크를 통해 물건이나 서비스를 사고 파는 것.

**이프로스 (e-pros)**  검찰청 내부통신망(eletronic과 prosecutor의 머리글자를 따온 것으로 보인다). ※ 2%s는 그들의 특권의식, 선민의식을 드러내는 전형인 것이며, 그들의 역할이 국민을 위한 봉사가 아니라, 국민 위에 군림하고 있기를 원하는 것이다. (출처) 코트넷과 이프로스.

**이호경식계(二虎競食計)**  두 마리의 호랑이가 먹이를 놓고 서로 싸우게 하여 중간에서 이(利)를 취하는 것.

**익스트림 (Extreme)**  극도의, 극심한, 지나친, 심각한, 극단적인.

**익스프레스 (express)**  ① (영) 급행편으로. ② 급행으로. ③ …을 말로 표현하다. ④ (재귀 용법) 자기 생각을 말하다.

**인디언 기우제식 수사**  아메리카 인디언들의 기우제는 성공률 100%이다. 즉 '반드시 비가 내린다' 는 비결은 없지만 비가 올 때까지 기우제를 지내기 때문이다. 일단 표적 수사, 먼지털이식 수사, 저인망 수사, 없는 죄도 만들어내는 수사를 말함.

**인빅터스 (invictus)**  천하무적. 영국 시인 윌리암 어니스트 헨리의 시(詩).

**인센티브 (incentive)**  사람이 어떤 행동을 취하도록 부추기는 것을 목적으로 하는 자극. 종업원의 근로 의욕이나 소비자의 구매 의욕을 높이는 것을 말한다(금전적인 부분에서는 장려금).

**인셀 (incel)**  '비자발적 독신주의자(involuntary celibate)'의 줄임말로서 여성과 성적 관계를 맺고 싶어 하지만 그러지 못하는 남성들을 일컫는다. 최근에는 여성 혐오자를 지칭하는 단어로도 사용되고 있다. 인셀은 여성과의 관계는 물론 타인과의 관계 맺음 자체에 서툰 경우가 많다. 최근 인셀이 자신의 구애를 거절한 여성에 적개심을 품고 범죄의 대상으로 삼는 사건이 잦아지면서 이를 심각한 사회현상으로 다뤄야 한다는 목소리가 높아지고 있다.

**인싸 (Insider)**  인싸이더의 줄임말로 각종 행사나 모임에 적극적으로 참여하면서 사람들과 잘 어울려 지내는 사람을 이르는 말. ↔ 아싸.

**인터미션 (itermission)**  ① 막간. ② (미) (극장·영화관 등의) 휴식 시간. ③ (발작과 발작 사이의) 진정시(時). ④ 짬(pause).

**인포데믹 (Infodemic)**  '정보(Information)'와 '유행병(Epidemic)'의 합성어로 잘못된 정보가 미디어나 인터넷 등의 매체를 통해 급속도로 퍼져나가는 것이 흡사 전염병과 유사하다는 데서 생겨난 용어다. 미국의 전략분석기관 인텔리브리지(Intellibridge) 데이비드 로스코프(David Rothkopf) 회장이 2003년 5월 〈워싱턴포스트〉에 기고한 글에서 처음 사용했다. 그는 "인포데믹은 한 번 발생하면 즉시 대륙을 건너 전염된다"며 당시 사스(SARS) 공포로 아시아 경제가 추락한 사건, 9.11 테러 이후 미국 전역에 공포가 기승을 부린 일 등을 인포데믹의 파급 효과로 진단했다. 잘못된 정보가 집단행동을 야기하거나 경제위기, 금융시장 혼란을 불러올 수 있다는 지적이다. 나중에 진실이 밝혀져도 경제적·사회적 파장이 수습되려면 오랜 시간이 걸린다. 우리나라의 경우, 2003~2004년 조류인플루엔자가 유행할 때 닭이나 달걀을 먹으면 감염된다는 잘못된 정보가 퍼져 양계 농가가 큰 피해를 입었다.

**인프라 (infra, infrastructure)** 생산 활동에 꼭 필요한 사회기반시설. '사회간접자본' 이라 부르기도 한다. 크게 도로·항만·항공·철도·전기·통신 등의 산업 인프라와 상하수도시설·병원·학교 등의 생활 인프라로 나뉜다.

**인플루언서 (influencer)** 인스타그램·유튜브·트위터 등 SNS에서 많은 팔로워·구독자를 가진 사용자나 포털사이트에서 영향력이 큰 블로그를 운영하는 파워블로거 등을 통칭하는 말이다. 영향을 미친다는 뜻의 단어인 'influence' 에 사람을 뜻하는 접미사인 '-er' 를 붙인 것으로서 '영향력을 행사하는 사람' 을 뜻한다. 인플루언서는 콘텐츠를 생산하는 크리에이터형 인플루언서와 패션, 뷰티 분야의 모델형 인플루언서로 구분할 수 있다.

**일러스트 (illust)** 어떤 의미를 시각적으로 전달하기 위해서 사용되는 삽화, 사진 따위를 통틀어 이르는 말.

**임계치 (Threshold, 臨界値)** 특정 기준을 충족하는 이벤트의 수. 관리자는 통지 전달 방법을 결정하기 위해 임계값 규칙을 정의한다.

**임팩트 (Impact)** ① (강력한) 영향, 충격, 충돌, 영향을 주다. ② 구기 경기에서 배트, 클럽, 라켓 등으로 공을 친 순간.

**임팩트 투자 (impact investment)** 임팩트 투자란 환경·복지 등 여러 사회 현안에 긍정적인 영향을 미치는 동시에 재무적 수익 창출을 추구하는 기업을 찾아 투자하는 일종의 '착한 투자' 다.

**자 (字)** 장가 든 뒤 본이름 대신 부르던 이름. 어른의 본이름을 부르는 것이 예에 어긋난다는 것으로 여기는 풍습에서 생긴 것임.

**자유주의 (自由主義; liberalism)** 개인의 자유보장을 최고의 이념으로 하는 주의를 말한다. 자유주의가 정치원리로 확립되기까지에는 오랜 시간이 필요했다. 영국·독일·프랑스의 자연법학자들이 이 근본원리를 발전시켰으며, 고전경제학자들은 이 원리를 분업사회에 적용했다.

**재테크(財tech)** ① 재산을 늘리는 기술이나 수법. ② 기업이 자금의 조달과 운용에 있어서 고도의 기술이나 수법으로 금융 거래의 수익을 얻는 일.

**잭팟 (jackpot)** ① 영화계에서 막대한 흥행 수입을 올리는 일. 특히 매표 매출액이 큰 영화를 일컫는 말이다. ② 원래는 성인 오락기의 무늬가 일치해서 당첨되거나, 복권이나 포커에서 계속해서 당첨자가 없어 쌓인 거액의 돈이나 그런 돈을 따는 일을 뜻하는 말이지만, 흥행에 크게 성공을 한 경우를 지칭하는 말로 쓰이기도 한다.

**저글링 (juggling)** 공이나 접시 따위를 연속적으로 공중에 던지고 받는 묘기.

**저널리즘 (journalism)** 신문과 잡지를 통하여 대중에게 시사적인 정보와 의견을 제공하는 활동 또는 그 분야. 넓게는 영화, 라디오, 텔레비전을 통하여 오락 및 정보를 제공하는 활동을 포함하기도 한다.

**저스티스 (justis)** 복수를 위해 악마와 거래한 타락한 변호사 이태경과 가족을 위해 스스로 악이 된 남자 송우용이 여배우 연쇄 실종사건의 한가운데서 부딪치는 대한민국 VVIP들의 숨겨진 뒷모습을 파헤치는 소설 스릴러.

**적대적 엠앤에이 (적대적 M&A)** 기업소유지분의 인수 · 합병 가운데 기존 대주주의 협의 없이 이루어지는 기업지배권 탈취를 말한다. 매수자와 피매수기업 간의 합의로 이루어지는 우호적 M&A와는 달리 피매수 측의 의사에 반하여 이루어지는 M&A다.

**정사 (精舍)** 학문을 가르치려고 지은 집. 정신을 수양하는 곳(불교 정련 精練 행자行者의 옥사屋舍).

**제네시스 (Genesis)** 창세기, 기원, 발생.

**제노사이드 (Genocide)** 집단살해(集團殺害)라고 번역된다. 어떤 종족 또는 종교적 집단의 절멸을 목적으로 하여 그 구성원의 살해 · 신체적 · 정신적 박해 등을 행하는 것을 말한다. 제노사이드의 전형적인 것으로서 나치스 · 독일에 의한 유태인 박해를 들 수 있다. 1948년 12월 9일 제3차 UN총회에서 「집단살해죄의 방지와 처벌에 관한 협약」이 채택되었다.

**제로 디펙트(Zero Defect) 운동** 무결점 생산이라는 뜻으로 모든 제품에서 불량률 0%를 추구하는 품질 경영 철학이다. 이 용어는 헨리 포드가 1913년 처음 도입한 '포드 시스템'에서 비롯되었으며 그 후로 여러 기업들이 이를 응용하여 더욱 발전시켜 나갔다. 이러한 노력들은 소비자들에게 높은 신뢰도와 만족도를 제공하며 글로벌 시장에서의 경쟁력 강화에도 큰 도움이 되고 있다. 특히 최근에는 환경 문제와 지속 가능성의 중요성이 부각되면서 제조 과정 전반에 걸친 자원 효율성과 친환경성을 고려한 새로운 개념의 제로 디펙트 운동이 주목받고 있다. (출처) 제로 디펙트 운동, 완벽한 사회를 향한 끊임없는 도전/ 작성자는 알기 쉬운 경제.

**제로섬 (Zero-Sum)게임** 이 게임은 승리한 플레이어가 획득한 이득과 패배한 플레이어가 잃은 손실의 합계가 제로(0)가 된다. 게임에서는 승자가 득점하면 패자는 실점하게 되므로 경쟁이 과열되는 상황이 발생한다. 게임 참여자 모두 양보를 하지 않으려 한다. 정치의 세계에서 2명의 후보자는 필연적으로 제로섬 게임을 하게 된다. 즉 한 쪽 후보가 많은 표를 획득하면 그만큼 상대 후보자의 득표는 적어진다. 이와 같이 2명의 제로섬 게임은 플레이어의 이해가 정면으로 대립하여 플레이어간에 공통이익이 존재하지 않기 때문에 협력관계가 발생하지 않는다. 제로섬 게임과 달리, 승패의 합이 제로가 아닌 게임을 논제로섬 게임 (Non-Zero Sum Game)이라고 한다. 논제로섬 게임에서는 게임 참여자간에 대립과 협력이 함께 나타날 수 있다. 게임 참여자들이 서로 협력할 경우에는 모두가 이익을 얻지만, 서로 대립할 경우에는 양쪽 모두 이익이 감소할 수 있다. 제로섬 게임과 논제로섬 게임은 경제, 사회, 외교, 정치 분야의 다양한 상황에서 나타날 수 있다.

**제로 페이 (Zero Pay)** 소상공인 결제 수수료를 줄이기 위해 금융 회사, 결제 회사와 공동으로 시행하는 QR코드에 기반한 모바일 간편 결제 서비스

**제이에스에이 (JSA; 공동경비구역)** 6.25전쟁 이후 군사정전위원회 회의를 원만하게 운영하기 위해 군사 분계선상에 설치한 공동경비구역. 공식 명칭은 '군사정전위원회 판문점 공동경비구역'이다. 대한민국의 행정구역상으로는 경기도 파주시 군내면 조산리에 속한다. 1980년대 중반까지만 해도 여러 사건들로 인해 긴장감이 감돌았으나, 1972년 7.4 남북공동성명 이후 북측 지역의 판문각과 UN군측의 자유의 집은 각종 회담 장소로 활용되어 옴으로써 한국 민족에게 분단의 상징이면서 남

북한 직접 대화 및 교류의 장으로도 인식되고 있다. 2018년 4월 27일 제3차 남북정상회담이 공동경비구역내 평화의 집에서 개최되었고, 5월 26일 제4차 남북정상회담이 통일각에서 개최되었다.

**제멜바이스 (Semmelweiss) 효과** 헝가리의 산부인과 의사(1818~1865). 의사의 불결한 손가락이 산욕열의 원인이 됨을 밝히고 염화칼슘액으로 손가락을 씻어서 이를 방지하였다. 저서에 『산욕열의 원인, 개념 및 그 예방』이 있다. ※산욕열—분만할 때에 생긴 생식기 속의 상처에 연쇄상 구균 따위가 침입하여 생기는 병. 산후 10일 내에 발병하여 보통 38℃ 이상의 고열이 2일 이상 계속된다.

**젠더 (gender)** 성(性)에 대한 영문표기, 섹스(sex) 대신 쓰기로 한 용어. 그러나 gender는 사회적, 문화적인 면에서의 성(性)이고 sex는 생물학적 의미의 성이다(남녀 간에 사회적으로 대등한 관계여야 한다는 의미를 내포).

**젠트리피케이션 (Gentrification)** gentry와 화(化)를 의미하는 fication의 합성어. ① 빈민가의 고급 주택지화. ② 구도심이 번성하면서 임대료가 오르고 원주민이 내쫓기는 현상. ③ 중하류층이 생활하는 도심 인근의 낙후지역에 상류층의 주거지역이나 고급 상업가가 새롭게 형성되는 현상. 최근에는 외부인이 유입되면서 본래 거주하던 원주민이 밀려나는 부정적인 의미로 많이 쓰이고 있다.

**좀비 (Zombie)** ① 살아 움직이는 시체. 아이티 부두교 전설에서 유래한 것으로 알려졌다. 현대에는 영화나 드라마, 소설, 게임 등 다양한 미디어에서 소재로 활용하고 있다. ② 처세술만 터득해 조직 내에서 주체성 없이 무사안일하게 행동하는 사람. 요령과 처세술만 터득하여 조직의 발전이나 자기계발에는 관심이 전혀 없는 소극적인 사원, 무사안일로만 일관한 사람을 꼬집는 말이다.

**주빌리 (jubilee)** 특정 기념주기, 일정한 기간마다 죄를 사하거나 부채를 탕감해 주는 기독교적 전통에서 유래되었다.「주빌리 은행」

**주주가치 극대화 원칙** 주주에게 얼마나 큰 이익을 남겨주느냐에 따라 전문경영인의 보수를 정하는 것을 내용으로 한다. 즉 임금, 투자, 재고, 중간관리자 등의 비용을 무자비하게 삭감하여 수익을 극대화하는 것.

**중국몽 (中國夢)** 중국몽은 중국의 위대한 부흥을 꿈꾼다는 뜻으로, 중국이 2012년 이후에 내세우고 있는 국가 통치 이념을 이르는 말이다. 시진핑 중국 국가주석이 2012년 18차 당 대회에서 총서기에 오르며 내세운 이념이다. 중국몽은 중국이 G2(미국, 중국)가 아닌 전 세계 유일의 초강대국이 되는 것으로, 팍스 시니카(Pax Sinica; 중국의 주도하에 세계 평화 질서가 유지되는 시대를 이르는 말) 실현을 추구하는 것이라고 할 수 있다.

**지니계수 (Ginis coeff cient)** 소득 격차를 계수화한 것. 수치가 높을수록 불평등이 심함.

**지니어스 (genius)** ① 뛰어난 지적 능력이나 창의력을 지닌 사람. ② 특정 분야에서 비범한 재능을 가진 사람. ③ 특정한 분야에서 매우 뛰어난 능력을 발휘하는 사람.

**지디운동 (ZD; zero defect 運動)** 무결점운동. ZD는 1960년대에 미국기업이 미사일의 납기단축을 위해 '처음부터 완전한 제품'을 만들자는 운동을 벌인 것이 계기가 되어 급속히 보급되었다. ZD의 최대의 특색은 이름 그대로 결점을 제로로 하자는 것. QC(품질관리) 기법을 제조면에만 한정하지 않고 일반관리 사무에까지 확대 적용하여 전사적으로 결점이 없는 일을 하자는 것이다. 구체적으로는 전종업원에게 경영참가 의식을 갖게 하여 사기를 높임으로써 결점을 없애는 데 협력해 나가도록 하는 운동이다.

**지세대 (Z-generation)** 1990년대 중반에서 2000년대 초반에 태어난 젊은 세대. 1995년 이후에 태어난 19세 미만의 청소년. '한 자녀 두기' 풍조에 따라 크게 퍼졌는데 소비시장에 막대한 영향을 끼치는 10살 안팎의 어린 세대로 유행에 지극히 민감한 이들을 지칭하는 말이다.

**지소미아 (GSOMIA-General Security of Military Information Agreement)** 군사정보 보호협정(국가 간 군사기밀을 공유하기로 한 협정).

**지엠오식품 (GMO食品)** ① 유전자조작 식품. ② 생명 공학적 기술인 유전자 재조합 기술을 이용하여 특정 작물에 없는 외부 유전자를 인위적으로 도입하거나 원하지 않는 유전자 발현을 억제하여 형질 전환을 한 생물체. 미국 몬산토사(Monsanto社)에서 1995년에 유전자 변형 콩을 상품화하면서 일반에게 알려지기 시작하였다.

**지족상락(知足常樂)** 분수를 알고 지켜야 항상 즐겁게 산다.

**짐 크로법 (Jim Crow law)** 짐 크로법은 공공장소에서 흑인과 백인의 분리와 차별을 규정한 법으로, 미국에서 1876년 시작돼 1965년까지 유지됐다. 짐 크로법에 따라 당시 흑인들은 식당·화장실·극장·버스 등 공공시설에서 백인과 분리돼 차별 대우를 받았으며, 투표권도 제한됐다. 짐 크로법은 로자 파크스 사건(1955년 미국 앨라배마주 몽고메리에서 흑인 여성 로자 파크스가 백인 승객에게 좌석을 양보하라는 버스 운전사의 요구를 거부한 사건. 이 사건을 계기로 흑인 민권운동이 촉발됨)으로 버스에서의 흑백 좌석 분리제가 폐지된 것을 계기로 사실상 효력을 잃기 시작했다.

**짜아르 (tsar)** 제정 러시아 황제의 칭호.

**짜아리즘 (tsarizm)** 제정 러시아의 정치체제 또는 그러한 전체주의.

**짭 (jjab)** ① '잽(jab)'의 비표준어. ② 상대 또는 맞수를 속되게 이르는 말. ③ 권투경기에서 상대에게 건네는 가벼운 주먹의 놀림을 일컬음.

**챌린지 (Challenge)** ① (사람의 능력 기술을 시험하는) 도전(시험대), (경쟁시합 등을 제기하는) 도전, 무언가에 이의를 제기하다 (도전하다). 경쟁싸움 등을 걸다 (도전하다). ② 주로 배구나 레슬링, 테니스, 야구, NFL 등에서 애매한 심판 판정에 항의하며 비디오 판독을 요청하는 것을 챌린지라고 부른다.

**체스판 (chess board)** 체스는 왕과 왕이 싸우는 게임. 세계를 지배하기 위해서 싸우는 천사와 악마의 전쟁.

**체크슈머 (Checksumer)** '확인(check)'과 '소비자(consumer)'의 합성어로 제품 구매 이전 성분, 원재료, 효능, 리뷰까지 꼼꼼히 확인한 후 구매를 결정하는 똑똑한 소비자를 말하는 신조어. 체크슈머는 제품의 홍보성 문구에 현혹되지 않고, 직접 제품의 안전성까지 꼼꼼하게 확인하는 소비자이다.

**촙스틱 (chopstick)** 찹스틱이라고도 하는데 젓가락이란 뜻.

**출구전략 (Exit Strategy)** 위기 상황에서 취했던 이례적인 조치를 정상으로 돌리는 것을 포괄적으로 가리키는 것.

**취모멱자 (吹毛覓疵)** 터럭을 불어서 숨겨진 흠집까지 들추어내는 것.

**칙릿 (chick+literature)** 젊은 여성을 겨냥한 영미권 소설들을 지칭하는 신조어. 20대 여성 독자를 겨냥한 영미권 소설로 1990년대 중반에 나온

'브리짓 존스의 일기'가 그 시작점이라고 볼 수 있다. 2000년대 중후반 《악마는 프라다를 입는다》, 《섹스 앤 더 시티》, 《여자생활백서》 등 여성소설과 자기계발서가 큰 인기를 끌면서 한국에서도 이슈가 된 바 있다. 반드시 영미권이 아니라도 20대 여성을 타깃으로 한 트렌드 소설 등을 총체적으로 이르는 말로 쓰인다. 말 자체에 약간 비하하는 시각이 담겨 있다고 보는 견해도 있으나 시대 변화를 보여주는 문화적 흐름의 하나로 볼 수 있다.

**칩플레이션 (Chipflation)** 반도체 품귀 현상으로 관련 품목의 가격이 상승하는 현상. 이와 관련해 차량용 반도체 공급난으로 신차 생산이 줄면서 중고차 가격도 오른다.

**카길 (Cargill; Incorporated)** 개인 소유의 다국적 기업으로 미국 미니애폴리스에서 윌리엄 카길이 1865년에 설립했으며, 당시에는 농민에게서 곡물을 사서 대도시 시장에 직접 팔거나 위탁판매를 하던 조그만 회사였다. 카길은 1954년부터 1970년대까지 이루어졌던 미국의 원조프로그램을 위탁받아 수행하면서 급성장하였다.

**카르마** (산스크리트어 karma) ① (불교) 전세에 지은 소행 때문에 현세에서 받는 응보(應報). ② 몸과 입과 마음으로 짓는 선악의 소행 음역어는 '갈마(羯磨)'이다.

**카르페 디엠** (carpe diem) '지금 이 순간에 충실하라'는 뜻의 라틴어. 호라티우스의 시 〈오데즈(Odes)〉에 나오는 구절에서 유래하였다.

**카마겟돈** (car Harmagedon) 2010년대 이후 환경 규제 강화, 판매량 감소, 기술 패러다임 전환 등으로 말미암은 자동차 산업계의 대혼전(大混戰) 양상을 비유적으로 이르는 말.

**카메오** (Cameo) TV나 영화에서 유명 인사의 단역 깜짝 출연자.

**카오스** (chaos) 그리스인의 신비적, 신화적 우주 개벽설에서 만물이 나타나기 이전의 혼돈 상태를 이르는 말.

**카이로스** (Kairos) 절호의 기회, 재림의 순간, 행운의 신.

**카탈로그** (catalog) 상품 따위를 일목요연하게 제시하여 소개하는 책. 대개 사진과 간략한 설명을 넣는데, 주로 선전을 목적으로 한다.

**카프** (KAPF; Korea Artista Proleta Federatio) ① 조선 프롤레타리아 예술 연맹. 1925년 8월경 조직되어 1935년 해산한 사회주의 계열의 문예 운동 단체. ② 계급의식에 입각한 프로 문학을 조직적으로 추구한 문학예술 단체.

**캐리커처** (caricature) 주제가 되는 개인, 전형적인 인물, 행위 등을 과장하여 우스꽝스럽게 풍자한 글이나 그림, 또는 표현법. 캐리커처는 원래 이상적이고 숭고한 인물화에 의도적으로 역행하는 시도였으나 정치가의 권위를 풍자하고 야유하는 수단으로 대상의 특징을 포착하며, 또한 작가의 드로잉 능력, 관찰력, 상상력, 개성 있는 표현이 요구된다. 어원은 이탈리아어의 '과장하다(caricare)'에서 유래되었으며, 영국, 프랑스, 독일 유럽을 중심으로 유행했다.

**캐릭터 (character)** ① 소설이나 연극, 만화 등의 작품 속에 등장하는 인물 또는 그 인물의 외모나 성격에 의해 독특한 특성이 주어진 존재. ② 소설이나 만화, 극 따위에 등장하는 독특한 인물이나 동물의 모습을 디자인에 도입한 것. 장난감이나 문구, 아동용 의류 따위에 많이 쓴다. ③ (전산) 컴퓨터에서, 키보드를 통해 입력되어 처리될 수 있는 한글이나 알파벳, 한자, 숫자, 구두점 따위를 통틀어 이르는 말.

**캐주얼 (casual)** ① 평상시에 입는 편안한 옷. ② 일상적으로 가볍게 입는 종류.

**캠프 (camp)** 산이나 들에 천막이나 판자 따위를 사용하여 임시로 간단하게 지은 집.

**캡션 (caption)** 인쇄물의 삽화나 사진 따위에 붙는 짧은 설명문.

**캡틴 (captain)** 어떤 단체의 우두머리.

**캡틴 오브 인더스트리 (captains of industry)** 산업계의 거물(지휘관).

**캣맘 (Cat mom)** 주인이 없는 도시 등 지역에서의 야생 고양이들에게 먹이를 주거나 보금자리를 챙겨주는 등 길고양이를 돌보는 사람이다.

**캥거루족 (kangaroo族)** 학교를 졸업해 자립할 나이가 됐는데도 부모에게 경제적으로 기대 사는 젊은이들을 일컫는 용어다. 통계청이 발표한 2020년 인구주택 총조사 표본 결과에 따르면 우리나라 성인 가운데 부모의 도움을 받아 생활하는 캥거루족은 314만 명으로 집계됐다.

**커넥션 (connection)** 어떤 공통된 목적을 가진 많은 사람들로 맺어진 관계.

**커리어 (career)** 어떤 분야에서 겪어 온 일이나 쌓아 온 경험.

**커먼 타운 (common town)** common(공통의, 흔한, 일반적인, 공동의, 보통의)＋town(마을, 동네).

**커뮤니티 캐어 (community care)** 돌봄이 필요한 사람들이 자택이나 그룹 홈에 거주하면서 지역 사회의 관리 및 보건·복지 서비스 등을 제공받는 시스템.

**커밍 아웃 (Coming out)** 성 소수자가 자신의 성 정체성을 드러내는 일. 주로 게이, 레즈비언, 양성애자, 트랜스 젠더라고 밝히는 것을 뜻한다. 자신의 사상이나 지향성 등을 밝히는 행위라는 뜻으로 확장되어 쓰이기도 한다.

**컨센서스 (consensus)** 공동체 구성원들의 의견에 대한 합의 또는 그 의견. 즉 어떤 집단을 구성하는 사람들 간의 일치된 의견을 뜻한다.

**컨소시엄 (consortium)** 규모가 큰 사업이나 투자 따위를 할 때, 여러 업체 및 금융기관이 연합하여 참여하는 것. 자본가 연합. 개발도상국에 대한 경제 원조를 위한 국제 차관단. 채권국 회의.

**컨펌 (confirm)** 증거를 들어 사실임을 확인해 주다. 보여주다. 확실하게 하다. 분명히 해 주다.

**컬러링 (color ring)** 음악이나 다양한 소리의 통화 연결음.

**컬렉션 (collection)** ① 미술품이나 우표, 화폐, 책, 골동품 따위를 모으는 일. 또는 그 모아진 물건들. ② 의류 브랜드나 디자이너들이 일정한 시즌이 시작하기 전에 작품을 선보이려고 여는 패션 발표회.

**컬트 (cult)** 젊은이들에게 종교적인 숭배에 가까운 열광적인 지지를 받는 현상. 사전적으로는 예배, 제사, 숭배자의 무리 등을 뜻한다. 컬트 영화는 탈주류 영화, 즉 기이한 현상과 과도한 폭력과 섹스를 다루는 것이 보통인데 이런 표현이 사회적 금기에 대항하거나 주류 문화에 도전할 수 있는 전폭적인 힘으로 작용하기 때문에 주목 대상이 된다. 개념적으로 컬트 광고도 있을 수 있는데 주류 광고의 표현 방식을 타파하고 금기에 도전하는 전위적 광고가 그것이다. 다만 컬트 광고는 의도적으로 그러한 것을 노린다는 점에서 다른 문화 영역의 컬트 현상과는 차원이

다르다.

**케미 (Chemi)** 사람과 사람이 잘 어우러지고 궁합이 좋음을 의미하는 신조어로, 케미스트리(Chemistry)의 줄임말이다. 주로 드라마의 남녀 주인공이나 예능 프로그램의 출연진 등 미디어 속 인물들에게 사용한다. 케미가 좋은 출연진들이 작품을 흥행으로 이끄는 경우가 많아 중요한 요소로 부각되었다. 케미스트리의 본래 뜻에 공감대와 궁합의 의미가 있으며, 스포츠에서는 팀 구성원들의 유대감과 화합을 '팀 케미스트리(Team Chemistry)' 라 표현한다. 팀 단위로 움직이는 스포츠에서 팀 케미스트리는 매우 중요한 요소로 꼽힌다. 나아가 기업이나 조직 구성원들의 연대를 팀 케미스트리라 표현하기도 한다.

**케어 (care)** ① 시중, 수발, 보호, 감독, 개호 등의 의미. ② 질병을 관리하거나 제한된 일상생활능력을 보완하는 대인 서비스로서 단순한 기계적, 신체적 원조가 아니라 전문적 지식과 기술에 근거한 원조행위. 시설보호(instotutional care), 재가보호(home care), 지역보호(community care).

**코덕 (cosmetic덕)** 화장품 분야에 관련된 것들을 열성적으로 좋아하는 사람(코스메틱 덕후의 약자).

**코드커팅 (Cord-Cutting)** 유료 방송 시청자가 가입을 해지하고 인터넷 TV, OTT(Over-The-Top) 등 새로운 플랫폼으로 이동하는 현상이다. 기존 케이블방송 등 유료 유선방송에 가입하지 않는 것을 두고 '선을 끊는다' 는 식으로 표현했던 데서 생긴 말이다. 주로 미국에서 쓰인다. 유선방송 해지 대신 보고 있는 채널 숫자를 줄여 요금제를 낮추는 것을 '코드 셰이빙(Cord Shaving)' 이라고 한다.

**코디네이터 (Coordinator)** 원래 뜻은 조력자나 진행자를 의미하는데 요즘에는 의상, 미용 등의 전문가를 주로 지칭하는 용어로 사용됨.

**코란 (Koran)** 이슬람교의 경전.

**코로나 디바이드 (Corona Divide)** 코로나19로 사회적 양극화가 심각해지는 현상.

**코리아 패싱 (Korea Passing)** 한반도와 관련된 국제 이슈에서 한국이 소외된 채 주변국끼리만 논의가 진행되는 현상을 말한다. 빌 클린턴 전 미국 대통령이 1998년 일본을 건너뛰고 중국만 방문하고 돌아가자 일본 언론들이 '재팬 패싱(Japan Passing)'이라 부른 데서 유래했다.

**코멘터리 (commentary)** ① 해석, 설명, 논평. ② 만화 애니메이션 사전에 따르면 코멘터리는 영화나 방송 프로그램에 따르는 설명을 뜻한다. ③ 영화나 방송 프로그램에서 어떤 장면이나 행위를 해설 또는 부연 설명하는 내레이션을 코멘터리라고 한다.

**코스프레 (Cosplay)** 코스프레는 의상을 의미하는 '코스튬(costume)'과 놀이라는 뜻의 '플레이(play)'를 합성한 일본식 용어로서 게임이나 만화, 애니메이션 등에 등장하는 캐릭터를 흉내낸 의상을 입고 분장을 하며 노는 일종의 퍼포먼스다. 이익이나 이미지 관리를 위해 자신의 본래 정체성과 상반된 언행을 하는 것을 비판적으로 일컫는 말로 자주 쓰인다. 가령 범죄 가해자가 형량을 줄이기 위해 피해자처럼 행동하는 것을 '피해자 코스프레를 한다'고 일컫는 식이다.

**코픽스 (COFIX; Cost Of Fund Index)** 국내 은행 대출 금리의 기준이 되는 자금조달비용지수다. 국내 8개 은행이 시장에서 조달하는 정기 예·적금, 상호부금, 주택부금, 양도성예금증서, 금융채(후순위채 및 전환사채 제외) 등 8개 수신상품 자금의 평균 비용을 가중 평균해 산출한다. 은행들은 코픽스에 대출자 신용도를 반영, 일정률의 가산금리를 더해 각 고객의 대출금리를 결정한다.

**코호트 격리 (Cohort 隔離)** 코호트 격리는 특정 질병 발병 환자와 의료진

모두를 '동일 집단'(코호트)으로 묶어 통째로 전원 격리해 확산 위험
을 줄이는 조치를 말한다. 국내에서는 2015년 메르스 확산으로 대전 대
청병원을 비롯한 전국의 10여 개의 병원이 코호트 격리됐다. 2020년 코
로나19가 대규모로 확산되면서 집단 감염이 발생한 경북 청도대남병
원, 부산 아시아드요양병원, 경기도 부천하나요양병원, 대구 한사랑요
양병원을 비롯한 전국의 여러 병원에서 코호트 격리가 실시되었고, 대
구 한마음아파트에서 확진환자가 46명이 발생하여 국내 첫 아파트 대
상 코호트 격리가 시행되었다.

**콘셉트 (concept)** 어떤 작품이나 제품 공연 행사에서 드러내려고 하는
주된 생각.

**콘택트 (contact)** ① 눈의 각막에 밀착시켜 착용하여 시력을 교정하는 얇
고 작은 렌즈. ② 야구에서 타자가 공을 맞히는 능력. ③ 펜싱에서 경기
중의 두 사람이 접촉한 채로 무기를 사용할 수도, 떨어질 수도 없는 상
태.

**콘테스트 (contest)** 용모, 작품, 기능 등의 분야에서 우열을 가리는 대회.

**콘텐츠 (contents)** 콘텐츠란 원래 서적, 논문 등의 내용이나 목차를 일컫
는 말이었지만 현재는 각종 유·무선 통신망을 통해 제공되는 디지털
정보를 통칭하는 말로 자주 쓰인다. 예를 들어, 인터넷이나 PC통신 등
을 통해 제공되는 각종 프로그램이나 정보 내용물, CD롬 등에 담긴 영
화나 음악, 게임 소프트웨어 등이 모두 이에 속한다.

**콘퍼런스 (conference)** ① 협의, 회의. ② 공통의 전문적인 주제를 가지
고 비교적 긴 시간에 걸쳐 열리는 대규모 회의.

**콜라보 (Collabo)** 일정한 목표를 달성하기 위하여 일시적으로 팀을 이루
어 함께 작업하는 일.

**쿠오바디스 (Quo vadis)** 폴란드의 작가 헨리크 솅키에비치의 장편소설

(1896). 사도 베드로가 로마에서 도피 중 그리스도의 환영을 보고 '주여, 어디로 가시나이까' 라고 한 말이다. 로마의 비니키우스는 그리스도교도 리기아에게 반해 그녀의 사랑을 얻게 되면서 그리스도교도가 된다. 네로는 로마 화재의 책임을 그리스도교도에게 뒤집어씌워 대학살을 시도해 리기아도 위험에 처하지만, 우르수스의 도움으로 살아남고, 네로는 병사들의 반란으로 자살한다. 이 작품은 박해받는 폴란드 민족에게 희망을 주었고, 작가에게 1905년 노벨 문학상을 가져다주었다. 그리고, 1912년과 1951년, 2001년 영화로도 제작되었다.

**쿨하다 (cool하다)** (성격이나 언행이) 꾸물거리거나 답답하지 않고 거슬리는 것 없이 시원시원하다.

**퀴어 (Qeer)** 본래 이상한, 색다른 뜻이나 현재는 동성애자나 양성애자, 성전환자 등 성적 소수자들을 통틀어 이르는 말로 쓰인다.

**퀵 커머스 (Quick Commerce)** 고객이 상품을 주문했을 때 빠르면 5~10분, 늦어도 1시간 이내에 배달하는 '분 단위 즉시 배송' 서비스다.

**큐시트 (cuesheet)** 큐시트는 방송 제작에서 프로그램 시작부터 끝까지 모든 진행 과정에 대한 세부 사항을 상세하게 기록한 일정표다. 방송 출연자, 카메라맨, 기술 스태프들 등이 해야 할 동작과 진행 순서를 기입한 일람표로서 방송 프로그램 제작의 기초적인 데이터다.

**큐코노미 (Qconomy; 격리경제)** 코로나19 감염 예방을 위한 격리(Quarantine)와 경제(economy)를 합성한 용어로 대면 소비를 꺼리는 불안심리가 확산되면서 정부가 돈을 풀어도 소비로 이어지지 않는 현상을 뜻한다. 큐코노미는 국내외 소비의 극심한 위축에서부터 시작한다는 점에서 다른 경제위기와는 차이가 있다.

**크라우드 소싱 (crowd sourcing)** 생산과 서비스의 과정에 소비자 혹은 대중을 참여시켜 더 나은 제품, 서비스를 만들고 수익을 참여자와 공유하고자 하는 방법. 즉, 외부 인력을 통한 아웃소싱 대신 불특정 일반 소비자들로부터 아이디어와 해결점을 찾는 방식이다. 군중(crowd)과 아웃소싱(outsourcing)의 합성어로, 제프 하우(Jeff Howe)가 2006년 와이어드(Wired)지 기사에서 처음 언급했으며 웹 2.0시대의 새로운 경영기법으로 각광 받고 있다.

**크라우드 펀딩 (Crowd Funding)** 군중을 뜻하는 크라우드(crowd)와 재원 마련을 뜻하는 펀딩(funding)을 합한 단어이다. 일반적으로 자금이 없는 벤처 사업가나 예술가, 사회활동가 등이 자신의 아이디어 등을 인터넷에 공개하고 다수로부터 투자받을 때 활용한다. 원래는 문화 · 예술 프로젝트 후원자 모집이나 재난구호 사업에 필요한 돈을 모을 때 사용됐으나 최근엔 신규 사업을 위한 소액 투자자 모집으로 의미가 확대되고 있다.

**크레바스 (Crevasse)** (지질) 빙하의 표면에 깊게 갈라진 틈. 주로 빙하의 운동이 급격하게 일어나는 곳에 생기기 쉽다. 경사가 급하게 진 곳이나 구부러진 곳, 기슭의 근처에서 흔히 발달한다.

**크로스 체크 (cross-check)** ① (사회 일반) 서로 다른 복수의 관점, 방법, 자료 따위를 대조하여 정보나 보고 따위를 검사하는 일. 또는, 그러한 검사 방법. ② (정보 · 수치 등을 다른 방법을 써서) 대조(재차) 검토(확인)하다.

**크로키 (croquis)** 움직이는 동물이나 사람의 형태를 짧은 시간 내에 스케치하는 것.

**크루 (crewe)** ① 공통된 목적을 이루기 위함이나 도모하려고 모인 사람들의 집단. ② 운행 중인 차, 기차, 배, 비행기 따위의 안에서 운행과 관련된 직무와 승객에 관한 사무를 맡아서 하는 사람.

**크루즈 (cruise)** 유람선을 타고 하는 여행. 또는 그런 여행을 하는 배.

**크리에이터 (creator)** ① 사전적 의미로 '창조자' 라는 뜻이며, 유튜브와 같은 동영상 플랫폼에 자신이 제작한 동영상을 업로드하는 1인 창작자를 일컫는 말로 쓰인다. ② 새로운 광고를 처음으로 만들어내는 사람.

**클라우드 (cloud)** 데이터를 인터넷과 연결된 중앙컴퓨터에 저장해서 인터넷에 접속하기만 하면 언제 어디서든 데이터를 이용할 수 있는 것.

**클라이밍 (climbing)** ① 등산에서 암벽을 기술적으로 기어오르는 일. ② 스키에서 사면을 똑바로 오르는 일.

**클러스터 (cluster)** 상호 작용을 통하여 새로운 지식과 기술을 창출할 수 있도록 기업, 대학, 연구소 등을 모아놓은 지역을 이르는 말이다.

**클레망소 (Georges Clemenceau)** 클레망소는 프랑스 의회 의원으로 정계를 주름잡았고, 제1차 세계대전 때는 프랑스의 총리로서 연합군이 승리하는 데 기여했다. 전쟁 후에는 베르사유 조약 체결에 큰 역할을 했다. 급진 공화당원으로 의회에 진출한 후, 계속 선거에서 성공하며 승승장구했으나 활발한 정부비판 활동 때문에 1893년엔 낙선했다. 그러나 그는 언론인이 되어 계속해서 정부를 공격적으로 비판했다. 1906년에 프랑스의 총리가 되어 전시 내각을 이끌었고, 제1차 대전 때는 프랑스 국민의 사기를 돋우고, 미국의 참전을 이끌어내는 등 오로지 승리만을 위해 노력했다. 베르사유 조약 체결 때는 자신의 의지를 관철시켜 프랑스의 이익이 지켜지게 했다.

**클리셰 (cliché)** 진부하거나 틀에 박힌 생각 따위를 이르는 말. 원래 인쇄에서 사용하는 연판(鉛版)이라는 뜻의 프랑스어였지만 판에 박은 듯 쓰이는 문구나 표현을 지칭하는 용어로 변했다. 영화에서 사용될 때 역시 오랫동안 습관적으로 쓰여 뻔하게 느껴지는 표현이나 캐릭터, 카메라 스타일 등을 포괄적으로 지칭한다. 반복적인 특성을 지니지만 반복된다고 하여 모두 클리셰가 되는 것은 아니다. 장르의 규범(norm)과 클리셰는 구분할 필요가 있다.

**키덜트 (kidult)** 어린이(kid)와 성인(adult)의 합성어로, '어린이 같은 어른'을 뜻한다. 한국에서는 2000년대 중반부터 대중문화 시장에서 급부상하기 시작한 사회적 현상이다.

**키워드 (key word)** 어떤 문장을 이해하거나 문제를 해결할 수 있는 실마리가 되는 말.

**키치 (kitsch)** 저속한 작품이나 공예품 또는 싸구려 상품을 이르는 말. '싸게 만들다'라는 뜻을 가진 독일어 동사 'verkitschen'에서 유래된 말. 미술 평론가인 클레멘트 그린버그(Clement Greenberg)는 1939년 '아방가르드와 키치'라는 논문에서 "키치는 간접 경험이며 모방된 감각이다. 키치는 양식에 따라 변화하지만 본질은 똑같다. 키치는 이 시대의 삶에 나타난 모든 가짜의 요약이다"라는 견해를 밝혔다. 그는 키치의 정의를 광범위하게 규정하여 재즈와 할리우드 영화, 광고 일러스트레이션도 키치의 일종으로 보았으나 현재 이러한 것들은 키치라기보다는 대중문화로 간주된다. 오늘날 이 용어는 조악한 감각으로 여겨지는 대상들을 야유하는 뜻으로 사용된다.

**키트 (Kit)** 조립용품 세트(조립해서 무엇을 만들 수 있도록 부품을 모아놓는 것).

**킨포크족 (kinfolk族)** 자연 친화적이고 소박한 일상 속에서 이웃과 함께 나누고 즐기며 여유롭게 사는 사람.

**킬링 타임 (Killing time)** ① '시간 죽이기'라는 뜻으로, 남는 시간에 심심함을 잊고 시간을 보내기 위하여 어떤 일을 함. ② 불합리한 방법으로 시간을 보내는 것을 이르는 관용구이다.

**타임캡슐 (time capsule)** 미래의 어느 시점에서 다시 개봉하는 것을 전제로 그 시대의 대표적인 물건 등을 모아서 묻어두는 용기이다. 또는 그런 용기를 땅에 묻는 것을 말한다.

**타지마할 (ताजमहल; TajMahal)** 인도 아그라에 위치한 무굴제국의 대표적 건축물이다. 무굴제국의 황제 샤자한이 자신의 총애하였던 부인 뭄타즈 마할로 알려진 아르주망 바누 베굼을 기리기 위하여 1632년에 무덤 건축을 명하여 2만여 명이 넘는 노동자를 동원하여 건설하였다. 건축의 총책임자는 우스타드 아마드 로하리로 알려져 있고, 뭄타즈 마할이 죽은 지 6개월 후부터 건설을 시작하여 완공에 22년이 걸렸다. 1983년 유네스코 세계문화유산에 등재됨.

**타짜 (Tazza)** 노름판에서 남을 잘 속이는 재주를 가진 사람.

**태그 (Tag)** ① 가격 따위를 써서 상품에 붙인 꼬리표. ② 글을 쓴 저자가 그 글의 검색을 위하여 감성, 정황, 글쓴이의 의지 등을 나타내는 단어를 입력해 둔 일종의 핵심 키워드들의 집합. 태그를 달아두면 본문의 제목이나 내용, 카테고리 등과는 별도로 폭소토미(folksotomy), 즉 일반적인 관심 사항의 주제별로도 검색하여 읽을 수가 있게 된다.

**태스크 포스 (TF; Task Force)** ① 기동부대를 뜻하는 군사용어. ② 어떤 과제를 성취하기 위해 필요한 전문가들로 구성된 기한이 정해진 임시

조직으로 '프로젝트 팀'이라고도 불린다.

**터너상 (Tuner prize)** 1984년 영국 테이트 브리튼이 제정한 현대 미술상. 매해 12월 수상자를 선정하며 한 해 동안 가장 주목할 만한 전시나 프로젝트를 보여준 50세 미만의 영국 미술가에게 수여된다.

**터닝 포인트 (turning point)** 어떤 상황이 다른 방향이나 상태로 바뀌게 되는 계기. 또는 그 지점. 전환점.

**터미네이터 (Terminator)** 끝내는 사람. 명암 경계선. 종료기. 종결 부위.

**터프하다 (tough하다)** (사람이나 그 성격, 생김새가) 툭 트여서 시원하고 야성적이고 거칠다.

**테뉴어 (Tenure)** 대학에서 연구 실적과 강의능력 평가를 통해 교수의 직장을 평생 동안 보장해 주는 제도.

**테라피 (therapy)** 치료, 치료 효과, 긴장을 풀어주는 치료. ※ 푸드테라피 (food therapy)-음식을 통해 질병을 치료하거나 예방하고 전신의 영양을 완전하게 하는 요법.

**테마 (Thema)** 창작이나 논의의 중심이 되는 내용이나 주제.

**테마파크 (Theme park)** 넓은 지역에 특정한 주제를 정해 놓고 그에 걸맞은 오락 시설을 배치해 놓은 위락 단지. 대전 엑스포과학공원, 용인 민속촌 등.

**테스티모니 (Testimony)** 증인, 증명, 증거.

**테이저 건 (Taser Gun)** 본체의 카트리지에서 발사된 두 개의 전극(탐침)을 통해 근육을 마비시켜 상대를 제압하는 권총형 무기(경찰, 경호원들이 사용하는 전자 충격 총).

**테이퍼링 (Tapering)** 정부가 경기 회복을 위해 썼던 각종 완화 정책과 과잉 공급된 유동성(자금)을 점차 거두어들이는 전략 (단어의 원뜻은 폭이 점차 작고 가늘어진다는 뜻).

**테제 定立 (독—These)** 정치적, 사회적 운동에 있어서 그 기본 방침을 규정한 강령, 운동방침.

**테크노믹스 (Technomics)** 기술(Tech)＋경제(Economics)를 합친 용어로 기술이 경제 환경을 변화시키고 경제 패러다임 변화가 다시 기술 발전의 동력이 되는 현상을 일컫는다. 증기기관부터 화석 연료, 전기, 인터넷에 이르기까지 혁신 기술 사이클은 국제 정세의 패러다임이나 경제 환경, 금융시장 변화에 큰 영향력을 미쳤다.

**테크래시 (techlash)** 기술(technology)과 반발(backlash)의 합성어로 빅테크 기업들의 영향력이 커지면서 이들의 과도한 영향력을 우려하는 데 대한 반발 작용이 발생하는 현상을 말한다.

**템포러리 (temporary)** 일시적인, 임시의, 비정규직, 가설, 잠정.

**토네이도 (tornado)** ① 자연재해 중 하나. 한국에서는 마치 이무기가 용이 되어 승천하는 현상과 같다고 하여 용오름이라 부른다. 영어 토네이도는 명확한 어원이 밝혀지지 않았으나 스페인어에서 번개폭풍을 의미하는 Tronada나 돌다는 의미가 있는 Tornar와 관련이 있는 것이 아닌가 추측하고 있다. ② 미국, 유럽, 동북아시아 등 온난 지역의 여름에 주로 발생하는 강력한 바람의 일종이며 주로 적란운에서 발생한다. 뇌우를 같이 동반하며 우박도 내린다.

**토라 (Torah)** 유대교 율법. 좁게는 『구약성서』의 〈창세기〉·〈출애굽기〉·〈레위기〉·〈민수기〉·〈신명기〉를 말한다. 전통적으로 모세가 하느님의 계시를 받아서 썼다고 인정된다. 넓은 의미로는 히브리 성서 전체를 일컫는 말이다. 더 나아가서는 유대인의 율법·관습·의식 전체를 아우르는 말로도 쓰인다.

**토빈세 (Tobin tax)** ① 국제 금융시장에서, 유리한 금융시장을 찾아 투기적으로 유동하는 단기 자금의 유출입을 막기 위한 세금. 노벨 경제학상

수상자인 토빈(Tobin, J.) 교수가 주장하였다. ② 고소득을 올리는 투기성 거래에 세금을 부과해 빈곤국에 지원하자는 의미에서 '로빈후드세'라고도 한다.

**톨레랑스 (tolerance)** ① 자기와 다른 종교, 종파, 신앙을 가진 사람의 입장과 권리를 용인하여 자기의 사상 이념도 인정받는 것. ② 특별한 자유라는 뜻. ③ 포용과 자유를 말함.

**투 머치 토커 (too much talker)** 말이 지나치게 많고 수다스러운 사람.

**투키디데스 함정 (Thucydides Trap)** 신흥 강국이 부상하면 기존의 강대국이 이를 견제하는 과정에서 전쟁이 발생한다는 뜻이다. 이 용어는 역사가 투키디데스의 저서 『펠로폰네소스 전쟁사』에서 주창된 것으로, 투키디데스는 기존 맹주 스파르타가 신흥 강국 아테네에 대해 불안감을 느끼게 되고, 이에 두 국가는 지중해의 주도권을 쥐기 위해 전쟁을 벌이게 되었다고 주장하였다. 오늘날 '투키디데스의 함정(陷穽)'은 신흥 무역 강국이 기존 구도를 흔들면 기존의 무역 강국과 신흥 무역 강국 간에 무력 충돌이 발생한다는 뜻으로 쓰인다.

**튜링 테스트 (Turing Test)** 튜링에 의하여 고안된 튜링 기계에 대한 지능을 시험하는 방법. 사람을 격리된 방에 두고 상대방과 대화를 하도록 하는데, 이때 대화 상대는 물론 컴퓨터이지만 대화에 임하는 사람은 자신이 기계와 대화하고 있다는 사실을 모르는 상태에서 대화를 진행하도록 한다. 이러한 대화 과정에서 사람이 이상한 점을 발견하지 못하고 있다면 컴퓨터가 최소한 인간 정도의 지능을 가지고 있다고 판단하는 방법이다.

**튜터 (Tutor)** 가정교사, 개인지도 교사.

**튜터링 (tutoring)** 산학 협력의 차원에서 업무의 분야별로 교수 및 전문가들과 팀을 구성하여 종업원들에게 계속적인 전문 지도를 하는 프로그램. 유의어로는 가정교사, 개인 지도교사, 지도교사, 지도교수, 강사, 과외교사 등이 있다.

**트라우마 (trauma)** (의학) 재해를 당한 뒤에 생기는 비정상적인 심리적 반응. 외상에 대한 지나친 걱정이나 보상을 받고자 하는 욕구 따위가 원인이 되어 외상과 관계없이 우울증을 비롯한 여러 가지 신체 증상이 나타난다.

**트래블 버블 (travel bubble)** 코로나19 방역을 우수하게 해내고 있는 국가 간에 버블(안전막)을 형성해 해당 국가 간에는 여행을 허용하는 협약을 뜻한다. 코로나19 사태로 장기적인 경기침체를 겪고 있는 일부 국가들이 얼어붙은 경제 상황을 해결하려는 의도로 추진하고 있다. 트래블 버블이 시행되면 2주간의 자가 격리가 면제되는 등 입국 제한 조치가 완화된다.

**트랜스젠더 (Transgender)** 신체적인 성별과 자신이 인식하는 성별(젠더)이 일치하지 않는 사람. 남성의 신체로 스스로를 여성이라고 인식하거나 그 반대의 경우를 뜻한다. 이러한 혼란을 일치시키기 위해 성전환 수술을 시행하고 있지만 이는 개인의 자유 권한이기 때문에 문제를 느끼지 못하고 살아가는 사람도 있다. 트랜스젠더 중 수술을 거치거나 다른 육체적 변화를 꾀한 사람을 트랜스섹슈얼, 남성이나 여성이 아닌 제3의 성정체성을 가진 사람을 뉴트로이스, 성별 정체성에 관한 아무런 인지가 없는 사람을 에이젠더 등으로 세분화할 수 있으며, 이 밖에 성적 정체성이 아닌 취향이나 직업으로 이성의 옷을 입는 트랜스베스타이트, 드래그 퀸, 크로스드레서 등이 있다.

**트레블링카 (Treblinka)** 나치 독일의 주요 유대인 집단학살수용소 = 홀로코스트.

**트레이닝 (training)** 주로 체력 향상을 위하여 하는 운동.

**트레이드 오프 (trade off)** 두 개의 정책 목표 가운데 하나를 달성하려고 하면 다른 목표의 달성이 늦어지거나 희생되는 경우의 양자관계. 실업률을 줄이면 물가가 오르고, 물가를 안정시키면 실업률이 높아지는 것처럼 서로 모순되는 형편에 있는 경제 관계를 이르는 말. 이러한 이율배반의 관계가 형성되어 두 목표가 양립할 수 없을 때 어느 한쪽을 위해 한쪽을 희생시키는 것을 「트레이드 오프」라 한다.

**트렌드 (trend)** ① 사상이나 행동 또는 어떤 현상에서 나타나는 일정한 방향. ② 극히 일부의 상품에 나타나는 새로운 패션 경향으로 바로 대량 판매에 직결되지는 않으며, 수많은 트렌드 현상 중에서 다만 한정된 수만이 판매와 연결된다.

**트롤 (trawl)** ① 바다 밑바닥으로 끌고 다니면서 깊은 바닷속의 물고기를 잡는 그물. ② (Troll) 북유럽의 신화나 전설에 나오는 거인. 괴물같이 생겼으며 때때로 마술을 부리기도 한다. 햇빛에 노출되면 부풀어 터지거나 돌이 된다고 한다.

**트레킹 (Trekking)** 가벼운 배낭을 메고 산이나 들을 여유 있게 걸어 이동하면서 자연을 감상하는 여가 스포츠 활동이다.

**트리거 (trigger)** ① (체육) 사격에서 소총 또는 권총의 총알을 발사하게 하는 장치(방아쇠). ② 촉발시키다. 계기, 도화선 작동시키다.

**트리클 다운 (trickle down)** ① 감세로 창출된 큰 부가 아래로 흘러내려 결국 가난한 사람들에게 스며든다는 이론. ② 정부가 투자증대로 대기업의 성장을 촉진하면 중소기업과 소비자에게 혜택이 돌아가 총체적으로 경기를 자극하게 된다는 이론. 부시행정부의 경제정책.

**트리플 위칭 데이 (Triple Witching Day)** 주가지수선물, 주가지수옵션, 개별주식옵션의 만기가 동시에 겹치는 날을 뜻한다. 일명 '세 마녀의 날'이라고도 한다.

**트리피타카 (Tri-Pitaka; 三藏)** 팔리어로 기록된 붓다의 45년에 걸친 가르침을 모아 엮은 것이다. 이것은 붓다의 전형적인 가르침인 경(Sutta)과 규율을 담은 율(Vinaya), 경과 율에 대한 해석을 일컫는 논(Abhidhamma)으로 구성되어 있다.

**트위터 (twitter)** 트위터는 140자 이내의 단문으로 개인의 의견이나 생각들을 공유하고 소통하는 사이트다. twitter(지저귀다)의 뜻 그대로 재잘거리듯이 일상의 작은 얘기들을 그때그때 짧게 올릴 수 있는 온라인 공간이다. 사람들의 의견, 생각, 경험들을 서로 공유하기.

**티저 (Teaser)** 일부만 공개하여 호기심을 자극하는 예고 광고. 방송이나 영화, 신문이나 잡지의 기사 따위에서 다음에 이어질 내용에 대한 사람들의 호기심을 유발하기 위하여 사용하는 장면이나 광고, 또는 제목.

**티커머스 (T-commerce)** 텔레비전(television)과 상거래(commerce)를 결합한 단어로 텔레비전을 시청하면서 전용 리모컨을 사용하여 상품의 정보를 확인하고 구매까지 할 수 있는 양방향 상거래 서비스.

**파베르 (faveur, 네덜란드어)** 호의, 은혜, 총애. *Homo faveur—도구의 인

간. *Homo ludens—인간이 다른 동물과는 달리 유희를 즐기는 것이 특징이라고 보는 관점.

**파우치 (pouch)** ① 음료 따위를 밀봉할 때 사용하는, 비닐 따위로 만든 주머니. ② (보통 가죽으로 만든) 주머니, 우편낭, 우편물 가방(→ diplomatic pouch), (캥거루 같은 동물의) 새끼 주머니.

**파이낸스 (finance)** 어음 할인, 대출 따위의 여신 업무만 다루는 금융 회사. 사채를 양성화하기 위하여 허용한 것으로, 자본금 5,000만 원이 있으면 누구나 설립할 수 있다. 파이낸스만의 업무는 대출에 제한되어 있다. 그러나 최근 일부 지역의 파이낸스사들이 수신업무까지 한 것으로 밝혀지면서 당국의 비중 있는 주목의 대상이 되고 있다. 우리나라도 현재 전국적으로 600여 개 이상이 영업 중인 것으로 파악되고 있다. 이처럼 우리나라에서 파이낸스 회사들이 늘어난 것은 금융 실명제 이후 묶여버린 지하자금을 양성화하기 위해 정부에서 적극적으로 업무 승인을 내주고 있기 때문이다.

**파인 다이닝 (Fine Dyning)** 격식을 갖춘 식사. 또는 그런 식사가 나오는 고급 식당.

**파토스 (pathos)** 격정, 열정, 노여움 따위의 일시적인 정념의 작용으로 풀이된다. 넓게는 어떤 사물이 받는 변화 상태를 의미하고 좁게는 밖으로부터 영향을 받아서 생기는 인간의 감정 상태이다. 즉 로고스(logos)가 이성을 의미, 파토스는 감성.

**판타스틱 (Fantastic)** 기막히게 좋은, 환상적인, 엄청난, 굉장한 기상천외한, 기이한.

**판타지 (Fantasy)** (문학) 장르문학의 한 형식을 일컫는 용어이다. 또한 판타지 소설을 축약하는 말로도 쓰인다. (심리학) 의식적, 무의식적이건 마치 이야기처럼 전개되는 정신작용을 일컫는 용어이다. (음악) 형식에 구애되지 않고 악상이 떠오르는 대로 자유롭게 작곡하는 기법을 일컫는 용어이다. 환상곡(幻想曲).

**팔로군** [Eighth Route Army; 八路軍] [역사] 항일 전쟁 중 화베이(華北)에서 활약한 중국 공산당의 주력 부대. 1937년 제2차 국공 합작 후의 명칭이며, 1947년에 인민 해방군으로 바뀌었다. 이에 가담한 한인 부대는 조선 의용군이라는 명칭을 지녔다.

**팔로어** [follower] ① 추종자, 신봉자, 팬(유행 등을 열심히 따르는 사람), 모방자, 졸개. ② 트위터 같은 소셜 네트워크 이용자 가운데 특정인의 업로드 된 게시물을 수신하겠다고 신청한 사람.

**팜므 파탈** [Femme fatale] 남성을 유혹해 죽음이나 고통 등 극한의 상황으로 치닫게 만드는 '숙명의 여인'을 뜻하는 사회심리학 용어. 팜므는 프랑스어(語)로 '여성', 파탈은 '숙명적인, 운명적인'을 뜻한다. 19세기 낭만주의 작가들에 의해 문학작품에 나타나기 시작한 이후 미술·연극·영화 등 다양한 장르로 확산되어, 남성을 죽음이나 고통 등 치명적 상황으로 몰고 가는 '악녀', '요부'를 뜻하는 말로까지 확대·변용되어 사용되고 있다.

**팜스테이** [Farm-stay] 농장을 뜻하는 farm과 머문다는 뜻의 stay의 합성어. 농장에 머무르면서 농장의 생활을 체험하는 일. 또는 그런 형식의 숙박 시설.

**팟캐스트** [podcast] MP3 디지털 포맷으로, 인터넷을 통해 배포되는 라디오 방송 형식의 프로그램.

**패닉** [panic] ① 공황. ② 심장마비나 질식과 같은 응급 상황에서 나타날 수 있는 정도의 극심한 불안 발작 상태를 말한다. 다른 불안 증상에 비해 신체 증상이 현저하고 심각한 것이 특징이다.

**패닉 바잉** [Panic Buying] 사회·환경 변화 등으로 발생한 심리적 불안 때문에 물품을 사들이는 현상을 뜻한다. 생필품, 부동산 등의 가격이 오르거나 물량이 더 이상 공급되지 않을 거란 불안감 때문에 발생한다. 서둘러 사들이다 보니 거래량은 급격히 늘어나고 가격은 치솟는 현상이 나타난다. 패닉 바잉은 주로 군중 심리 때문에 발생한다.

**패드립** 2010년 이후 흔히 사용하는 인터넷 용어로 패륜＋드립의 합성어. 본인의 부모와 남의 가족 친척을 개그의 소재나 비하의 표현으로 삼는 모욕적 발언. 패밀리＋드립의 합성어(가족 친지를 농담의 소재로 삼아 사용하는 모욕을 의미함). *드립은 남을 웃게 하려고 즉흥적으로 하는 말.

**패러다임 (Paradigm)** 어떤 한 시대의 사람들의 의식이나 견해를 지배하고 있는 이론적인 틀. 패턴, 예시, 표본 등을 의미하는 그리스어 παράδειγμα(파라데이그마)를 영어화하여 만들어낸 신조어이다. 토머스 쿤이 제안하였다.

**패러다임 시프트(paradigm shift; radical theory change)** 1960년대 초 철학자 토마스 쿤이 지어낸 말로 한 시대를 지배하는 인식, 이론, 관습, 사고, 관념, 가치관 등이 크게 바뀌는 것을 말한다. 또는 좁은 의미에서의 과학혁명.

**패러독스 (paradox)** 역설(逆說). 일반적으로는 모순을 야기하지 아니하나 특정한 경우에 논리적 모순을 일으키는 논증.

**패러디 (parody)** 전통적인 사상이나 관념, 특정 작가의 문체를 모방하여 익살스럽게 변형하거나 개작하는 수법 또는 그런 작품.

**패럴림픽 (Paralympics)** 국제 신체장애인 체육대회. 영국의 스토크 맨더빌 병원의 의사 구트만에 의해 시작되었으며, 1952년 국제대회로 발전했다. 1960년 로마 올림픽 대회 이래 올림픽에 이어 같은 장소에서 거행된다.

**패키지 (package)** ① 묶음으로 파는 상품. ② (전산) 컴퓨터의 여러 응용 분야에서, 사용자의 특정한 업무 수행에 도움을 주기 위하여 만들어진 프로그램. 또는 그러한 프로그램의 묶음. ③ 여행사에서 일정 및 교통편, 숙식, 비용 등을 미리 정한 뒤, 여행자를 모집하여 여행사의 주관하에 행하여지는 단체 여행. 물건을 보호하거나 수송하기 위한 포장 용기. ④ (통신) 소포 우편으로 보내는 물품.

**패키지 여행 (package 旅行)** 여행업자가 주관하여 행하는 단체여행.

**패트택스 (Fat Tax; 비만세)** 비만을 유발할 수 있는 고지방 · 고열량 식품 등에 부과하는 일종의 소비세다. 2011년 10월 덴마크에서 처음 도입했다. 덴마크의 비만세는 육류나 버터, 치즈 등 포화지방 함유량이 2.3% 이상인 식품을 대상으로 지방 킬로그램 당 16크로나(한화 약 3,000원)를 부과했다. 덴마크는 2012년 비만세를 폐지했으나 이후 헝가리와 프랑스, 핀란드, 멕시코 등의 국가에서 비만세와 유사한 형태의 세금을 도입하고 있다.

**패피 (fape)** 패션(fashion)+피플(people)을 줄여 이르는 말. 자신만의 개성과 스타일을 자신이 입는 옷으로 잘 표현을 할 줄 아는 사람.

**팩트 (fact)** 실제로 있었던 일이나 현재에 있는 일(사실).

**팬 (fan)** ① 운동경기나 선수, 연극, 영화, 가요나 인기연예인 등을 열광적으로 좋아하는 사람(어원은 fantic이며 뜻은 광신적). ② 회전축에 붙은 날개를 돌려 공기를 환기하거나 공기를 내보내 열을 식히는 기계장치.

**팬 (pan)** ① 자루가 달린 접시 모양의 얕고 납작한 냄비. ② 촬영기를 한 곳에 고정시킨 채 상하좌우로 돌려 가면서 찍는 방법.

**팬덤 (Fandom)** 광신자를 뜻하는 fanatic의 팬(fan)과 '영지(領地) · 나라' 등을 뜻하는 접미사 '덤(−dom)'의 합성어로 특정한 인물이나(특히 연예인) 분야를 열성적으로 좋아하는 사람들, 또는 그러한 문화 현상을 가리킨다. 미국에서 fan이라는 말이 처음 등장한 건 1889년으로, 당시에는 스포츠 팬만을 가리켰다. 그러다가 이후 배우, 가수 등에 열광하는 대중문화 팬으로 옮겨갔다. fanatic을 fan의 모태로 보기엔 너무 강하고 종교적이라고 생각한 걸까? fan은 'the fancy'(애호가들, 호사가들, 동호자)에서 유래됐다는 설도 있기는 하다.

**팬데믹 (pandemic)** 사람들이 면역력을 갖고 있지 않은 감염병이 전 세계적으로 크게 유행하는 것. 동일 권역에서 팬데믹으로 접어드는 상태로서 팬데믹 전단계는 에피데믹(epidemic)이라고 한다. 팬데믹은 세계보건기구(WHO)에서 정의한 신종 인플루엔자 경보 단계 중 최상위 단계다. 역사적으로 WHO가 팬데믹을 선언한 것은 1968년 홍콩독감, 2009년 신종플루, 2020년 코로나19가 있다. 코로나19에 대한 백신과 치료제가 나왔지만 엔데믹 시대를 준비해야 할 가능성이 크다는 전망이 나오고 있다.

**팬시 (fancy)** ① 원하다. …하고 싶다. (성적으로) 끌리다. 자만심에 차 있다. ② 환상곡, 즉 판타지아(Fantasia)를 팬시라고도 부른다.

**퍼블릭 코스 (public course)** 회원이 아닌 일반 사람도 이용할 수 있는 대중 골프장.

**퍼실리테이션 (Facilitation)** 일을 쉽게 하도록 도와주다. 회의나 교육 등에 참석자들이 좀더 쉽게 소통할 수 있도록 도와주는 것.

**퍼즐 (Puzzle)** 지식이나 재치, 지적 순발력 등을 시험하도록 고안된 유희적인 문제나 장난감. 낱말이나 숫자, 도형을 이용한 것 등이 있다.

**퍼펙트 (perfect)** ① 완벽한, 온전한, 완벽하게 하다. ② 야구에서, 한 투수가 상대 팀에게 주자를 한 명도 허용하지 않고 이긴 경기.

**퍼펙트 스톰 (Perfect Storm)** 원래 의미는 개별적으로 보면 위력이 크지 않은 태풍 등이 다른 자연현상과 동시에 발생하면서 엄청난 파괴력을 갖게 되는 현상을 말한다. 경제분야에서는 두 가지 이상의 악재가 동시에 발생해 세계적인 경제 위기가 발생하는 상황을 뜻한다.

**퍼포먼스 (Performance)** ① 관중들에게 자신이 표현하고자 하는 관념이나 내용을 신체 그 자체를 통하여 구체적으로 보여주는 예술 행위. ② 연기, 연주, 실행의 뜻. 조형 예술에서는 작가나 관객의 신체를 이용한 표현 행위.

**퍼플오션 (purple ocean)** 레드오션(red ocean)과 블루오션(blue ocean)을 조합한 신조어로서 발상의 전환과 기술 개발, 서비스 혁신을 통해 기존과 다르게 창출된 시장을 말한다. 레드오션은 경쟁자가 많아 성장 가능성이 없는 시장이고, 블루오션은 경쟁자가 없어 독주할 수 있는 시장이다. 이 블루(파란색)와 레드(빨강색)를 섞으면 퍼플(보라색)이 되듯, 퍼플오션은 두 시장의 장점을 혼합한 것이다.

**퍼플잡 (purple job)** 일과 가정의 양립을 위해 근로자가 자신의 형편이나 사정에 따라 일하는 시간을 자유롭게 조절할 수 있는 일자리.

**펀더멘탈 (Fundamental)** 한 나라의 경제 상태를 표현하는 데 있어 가장 기초적인 자료가 되는 성장률, 물가상승률, 실업률, 경상수지 등의 주요 거시경제지표를 말한다. 펀더멘탈(Fundamental; 경제기초)은 환율의 변동과 관련되어 사용되는 일이 많은데, 중장기적으로는 환율이 펀더멘틀즈의 상태에 따라 좌우되지만 단기적으로는 펀더멘탈의 변화를 예상하고 변동한다. 또한 펀더멘탈은 국제경제 안정에 필요한 기초적인 조건들이며, 펀더멘탈의 균형이 붕괴되면 각국 간의 통화가치의 변동이 발생하고 세계경제는 안정을 잃게 된다.

**펀드 (Fund)** 투자 전문기관이 불특정 다수인으로부터 모금한 돈을 투자하고 여기서 올린 수익을 투자자에게 나누어 주는 실적 배당형 금융 상품.

**페레스트로이카 (perestroika)** 1985년 소련의 고르바초프 정권에 의해 선언된 소련의 개혁 이념 및 정책. 개인의 자유와 소유권의 확대, 사회의 민주화, 개방된 외교 정책 등을 추진하였다.

**페르소나 (Persona)** 다른 사람에게 투사된 성격을 뜻하는 심리학 용어 (외적 인격, 가면을 쓴 인격). 정신분석학자 카를 융이 만든 용어로 에트루리아의 어릿광대들이 쓰던 가면을 뜻하는 라틴어에서 유래했다. 융에 따르면, 페르소나가 있기 때문에 개인은 생활 속에서의 자신의 역할을 반영할 수 있으며, 따라서 자기 주변 세계와 상호관계를 맺을 수 있다. 자신의 고유한 심리구조와 사회적 요구 간의 타협점에 도달할 수 있기 때문에 페르소나는 개인이 사회적 요구에 적응할 수 있게 한다. 인간, 천사, 신 등이 페르소나로 불린다.

**페미니스트 (feminist)** ① 여성의 자유와 권리의 확대, 남녀평등을 주장하는 사람. ② 여성에게 친절한 남자.

**페미니즘 (Feminism)** 성별 차이로 인해 발생하는 정치, 경제, 사회, 문화적 차별을 없애야 한다는 견해. 남성과 여성이 권리와 기회가 평등해야 한다는 주장.

**페스티발 (Festival)** (페스티벌의 비표준어) 축하하기 위해 벌이는 행사.

**페이백 (pay back)** 보상 환급. 적립된 포인트를 현금이나 물품으로 구매자가 되돌려 받는 것.

**페이크 (fake)** ① 가짜, 모조품 등을 의미하는 영어단어. ② 재즈에서 즉흥적인 연주를 이르는 말(음악에서 원곡의 멜로디를 즉흥적으로 바꿔 부르거나 연주하는 것을 말한다). ③ (체육) 운동경기에서 상대편을 속이기 위한 동작.

**페이퍼 컴퍼니 (paper company)** 물리적인 실체가 존재하지 않고 서류로만 존재하면서 회사 기능을 수행하는 회사를 말한다. 실질적으로는 자회사를 통해 영업 활동을 하며, 법적으로는 엄연히 자격을 갖추고 있으므로 유령회사와는 다르다. 이러한 페이퍼 컴퍼니는 기업에 부과되는 세금과 기업 활동을 유지하기 위해 소요되는 경비를 줄일 수 있어서 많은 기업이 페이퍼 컴퍼니를 설립하고 있다. 주로 케이맨군도, 라이베리아, 파나마, 버진아일랜드 등 국제적으로 알려진 조세회피 지역에 설립된다.

**포디즘 (fordism)** 미국의 포드 자동차 회사에서 처음 개발한, 벨트 컨베이어의 도입에 의한 일관 작업 방식(기계화된 대량생산 체제. 표준화된 제품의 대량생산과 대량 소비의 축적체제).

**포럼 (forum)** 토의의 한 방식. ① 사회자의 지도 아래 한 사람 또는 여러 사람이 간략한 연설을 한 다음, 청중이 그 내용에 대하여 질문하면서 토론을 진행하는 방식이다. ② (역사) 고대 로마시대의 공공 집회 광장. 주위에 주랑(柱廊), 바실리카, 신전, 상점이 늘어서 있어서 정치, 경제의 중심을 이루었다.

**포레스트 (forest)** ① (한정적) 삼림의. ② 수목으로 뒤덮다. ③ 삼림으로 바꾸다. ④ …에 식림하다.

**포렌식 (Forensic)** 디지털 증거물을 분석하여 수사에 활용하는 과학수사 기법의 총칭이다. 포렌식이란 고대 로마시대의 포럼과 공공이라는 의미를 가진 라틴어에서 유래되었으며 법의학적인이라는 의미를 가진 형용사이다. 마치 디지털 기기를 부검하듯이 디지털 기록 매체에 복원 프로그램을 사용하여 암호 등의 보안을 해제하고 메타데이터까지 활용하거나 하드디스크 내부에 삭제로그를 저장하는 스와프 파일에서 삭제로그를 복원하여 디지털 기기의 사용자나 이를 통해 오고 간 정보를 추적하고 조사하는 용도로 사용된다.

**포르투나 (Fortuna)** 통제할 수 없는 외부환경.

**포맷 (Format)** ① 미리 정해진 자료의 배치 방식. 각 항목의 위치, 간격,

구두점, 행 등의 정보가 이에 해당한다. ② 데이터의 저장이나 전송 시의 구성 방법. 특히 자료를 파일로 저장할 때 그 파일의 구조를 말한다. ③ 각종 문서를 작성할 때 입력한 문서의 좌우 여백 조정, 간격 띄우기, 오른쪽 줄맞춤 등을 하여 문서를 보기 좋게 가지런히 맞추는 것(서식).

**포비아 (phobia)** 어떠한 상황 또는 대상을 지나치게 두려워하거나 혐오하는 것을 가리키는 말로, '병적인 공포증 또는 혐오증'을 의미한다. 포비아를 가진 사람은 두려움의 상황 또는 대상이 해를 끼치지 않는다는 것을 알면서도 강박적으로 그 상황 또는 대상을 두려워하고 필사적으로 피하려고 하며, 일상적인 생활이 불가능할 정도의 증상을 나타낸다. 광장공포증, 대인공포증, 고소공포증, 폐소공포증 등이 포비아에 해당된다.

**포스트모더니즘 (postmodernism)** 모더니즘의 연속선상에 있으면서 동시에 그에 대한 비판적 반작용으로, 비역사성, 비정치성, 주변적인 것의 부상, 주체 및 경계의 해체, 탈장르화 등의 특성을 갖는 예술상의 경향과 태도.

**포스트 코로나 (post corona)** 코로나 바이러스 감염증-19 사태 이후의 세계.

**포지티브 (Positive)** ① 네거티브의 반대 개념으로 특히 각종 선거운동에서 상대방에 대한 음해성 언동보다 비교우위론적 대응을 말함. ② (의학) 병을 진단하기 위하여 화학적, 생물학적 검사를 한 결과 특정한 반응이 나타나는 일. 피부에 투베르쿨린을 접종하였을 때 그 부분에 붉은 빛의 반점이 생기는 반응 따위를 말한다. 병에 따라서는 반응이 일정한 기준 이상인 경우에 대해 말한다.

**포켓몬 (Pokemon)** 1995년 일본에서 초등학생용으로 제작된 오락게임으로 등장한 이후 텔레비전, 만화, 영화, 캐릭터 상품 등으로 만들어진

주인공. 주머니 속의 괴물이란 뜻인 포켓몬스터의 약칭.

**포크배럴 (Pork Barrel)** ① 본래 사전적 의미는 돼지여물통이란 의미다. 이 용어는 미국 의회에서 정부보조금을 타내기 위해 경쟁하는 의원들의 행태를 비꼬기 위해 사용됐다. 여물통에 먹이를 던져주면 돼지들이 몰려드는 장면을 빗댄 것이다. ② (정치) 지역 주민의 인기를 얻기 위하여 특정 지역이나 계층에 예산이나 이권을 나누어 주는 일.

**포털 (portal)** 수많은 사이트를 특정한 분류에 따라 정리해 놓고 주소를 링크시켜서 사용자들이 원하는 곳을 쉽게 찾아갈 수 있도록 만든 사이트(인터넷에 들어가기 위해서 꼭 거쳐야 하는 사이트).

**포토라인 (photo line)** 과열 취재경쟁으로 인한 불상사를 막기 위해 신문/방송사 카메라 기자들이 더 이상 취재원에 접근하지 않기로 약속한 일종의 취재경계선.

**포트폴리오 (portfolio)** ① 광고·디자인 용어로는 디자이너나 사진작가 등이 자신의 작품 샘플을 모아놓은 작품집이라는 뜻. 미국에서는 이 포트폴리오에 따라 그 디자이너나 사진작가의 단가가 결정된다. ② 주식 투자에서 위험을 줄이고 투자 수익을 극대화하기 위한 일환으로 여러 종목에 분산투자하는 방법이다. 원래는 '서류 가방' 또는 '자료 수집철'을 뜻하지만, 일반적으로는 주식 투자에서 여러 종목에 분산 투자함으로써 한곳에 투자할 경우 생길 수 있는 위험을 피하고 투자 수익을 극대화하기 위한 방법으로 이용된다. 은행이나 투자자 등이 가지고 있는 유가 증권 목록 또는 투자 자산의 집합을 뜻하기도 하는데, 대체로 직접 투자에 자신 없는 사람들이 이용하는 투자 방법이다.

**포퓰리즘 (Populism)** 대중주의, 인기영합주의라고도 불리는 포퓰리즘은 일반 대중의 인기를 목적으로 하는 정치적 행동을 뜻한다. 본래 목적보다 정치적 권력을 얻기 위한 목적으로 이용되는 때가 많기 때문에 부정적인 의미로 많이 사용된다. 포퓰리즘에 대한 지적의 목소리를 많이 들을 수 있는 때는 바로 선거철이다.

**폰지게임 (Ponzi Game)** 고율 배당을 미끼로 초기 자금을 조달하고 투자 수익으로 기존 대출을 상환하지 않고 제3자에게 신규로 자금을 빌려 상환하는 투자사기 행위.

**폴리네시안** 많다는 뜻의 poly와 섬이란 뜻의 nesia가 합쳐진 말로 섬이 많은 지역, 즉 뉴질랜드와 이스트제도, 그리고 하와이를 연결하는 삼각형 권내 광대한 남태평양 지역을 말함.

**폴리바겐 (poly-bargain)** 피고가 유죄를 인정하거나 다른 사람에 대해 증언을 하는 대가로 검찰이 형을 낮추거나 가벼운 죄목으로 처리해 주는 범인과 피의자 간의 거래하는 일.

**폴리텍 (polytechnic)** 기능대학과 직업훈련을 합친 것. 폴리텍은 기술을 배우는 곳이고 전문대는 실무를 배운다.

**폴리페서 (polifessor)** 정치와 교수가 합해진 말로, 적극적으로 정치에 참여하는 현직 교수를 이르는 말.

**표전문 (表箋文)** 외교문서.

**풍선효과 (Balloon Effect)** 풍선의 한 곳을 누르면 다른 곳이 불거져 나오는 것처럼 문제 하나가 해결되면 또 다른 문제가 생겨나는 현상이다. 최근 아파트 가격을 잡기 위해 관련 대출 규제를 강화하자 상가, 오피스텔과 같은 상업용 부동산 가격이 최근 10년 새 가장 많이 오른 것도 풍선효과에 해당한다.

**퓨전 (fusion)** ① 서로 다른 두 종류 이상의 것을 섞어 새롭게 만든 것. ② (경제) 다수의 회사가 경쟁을 피하기 위하여 큰 회사로 합병하는 일. 또는 그 합병한 기업체. 트러스트를 조직하기 위한 수단으로 이용된다.

**프라이빗 (private)** ① 민간의. ② 개인의. ③ 사립의. ④ 사적인.

**프라임 (Prime)** ① 주된, 주요한, 기본적인, 최고의, 뛰어난. ② 모피 생산에 가장 좋은 시기에 제작된 모피. 털이 길고 조밀하며 광택과 빛깔이 가장 좋은 것으로, 주로 한겨울에 생산된다.

**프랜차이즈 (franchise)** 제조업자나 판매업자가 독립적인 소매점을 가맹점으로 하여 운영하는 영업 형태를 말한다. 상표·상호·특허·기술 등을 보유한 제조업자나 판매업자가 소매점과 계약을 통해 상표의 사용권·제품의 판매권·기술 등을 제공하고 대가를 받는 시스템이다. 이때 기술을 보유한 자를 프랜차이저(franchisor; 본사), 기술을 전수받는 자를 프랜차이지(franchisee; 가맹점)라 한다.

**프레너미 (frenemy)** 친구처럼 보이지만 실제로는 친구인지 적인지 모호한 상대. 장난으로 공격적인 행동을 하는 친구. 자신에게 유리할 때만 친근하게 대하는 사람 등을 두루 가리킨다. 프레너미란 '친구'(friend) 와 '적'(enemy)의 합성어. 사랑과 미움을 오가며 유지되는 친구 관계를 '프레너미(frenemy)' 현상이라고 부른다. 『베스트 프렌즈』라는 책의 저자인 테리 앱터는 여성들은 문화적인 환경 때문에 남성들에 비해 친구간 경쟁의식이 높다고 설명했다. 앱터는 저서에서 여성은 친구를 성원하고 잘 되기를 바라지만 내심 자신이 뒤처지거나 관심에서 멀어지지 않을까 하는 두려움이 있다고 말한다. 모든 우정에는 애증(愛憎)이 섞여 있게 마련인데, 여성 친구들 간 미움은 진짜 미움이라기보다 선망이나 불안이라는 이유이다.

**프레이밍 (Framing)** ① [사진] 사진을 찍을 때, 피사체를 파인더의 테두리 안에 적절히 배치하여 화면을 구성하는 일. ② [야구] 살짝 빠지는 공을 스트라이크 존에 들어온 것처럼 잡는 기술(심판이 스트라이크 판정을 내릴 수 있게 유도하는 것). ③ 뉴스미디어가 어떤 사건이나 이슈를 보도할 때 특정한 프레임(Frame-하나를 세는 단위)을 이용하여 보도하는 것.

**프레이밍 (Framing) 효과** 우리가 정보를 접할 때 단순히 사실만을 수용하는 것이 아니라 그 정보가 어떻게 표현되고 제시되었는지에 따라 판단이 달라지는 것(같은 통계 수치라도 '성공률 90%'라고 말하는 것과 '실패율 10%'라고 말하는 것은 동일한 의미를 전달하지만 사람들이 받아들이는 느낌은 전혀 다르므로 의사 결정을 해야 하는 순간에 매우 강력하게 작용할 수 있음).

**프레임 (frame)** ① 창문, 그림 액자 등의 밖을 둘러싼 틀이나 건물, 자동차 등의 기초 골격(뼈대)이 되는 부분. ② 보디빌딩에서 프레임은 타고난 골격을 의미하고, 야구에서는 스트라이크 존 틀 안으로 교묘히 공을 넣는 것을 프레이밍이라고 함. ③ 영화나 게임의 한 장면이라는 뜻도 가지고 있다. ④ 게임에서는 프레임이 높을수록 부드러운 그래픽이 나타나고 캐릭터의 공격 프레임이 짧을수록 속도가 빠르다. ⑤ 철학, 정치 분야에서 프레임은 생각의 틀, 사고하는 방식의 의미를 가지고 있다.

**프렌드 리퀘스트 (Friend Request)** 친구 신청.

**프로그래밍 (programming)** 컴퓨터의 프로그램을 작성하는 일. 프로그래밍 작업에는, 요구되는 정보처리를 실현하는 처리 절차를 정하는 일과 그것을 프로그램 언어나 어셈블리 언어에 의해서 프로그램으로 기술하는 2가지 측면이 있다. 작성한 원시 프로그램은 컴파일러 또는 어셈블러에 의해서 기계어 프로그램으로 변경해서 실행하거나 인터프리터에 의해서 직접 실행한다(언어 처리계 참고). 그리고 소프트웨어의 시방기술도 넓은 뜻에서의 프로그래밍이라고 할 수 있다.

**프로모션 (promotion)** 연극이나 영화, 서커스 따위의 흥행을 직업으로 삼은 사람. 원래 프로모션(promotion)은 '밀어붙이다'(push-forward)

는 뜻이며, '설득'과 같은 의미로 사용되었는데 영화 마케팅에서도 프로모션을 이러한 의미에서 사용하고 있다. 광고, 퍼블리시티, PR을 포괄하는 개념이다.

**프로 보노 (Pro Bono)** 공공의 이익을 위해 제공되는 무료 봉사. 무료 법률 서비스.

**프로불편러 (pro+불편+er)** 매사에 불편함을 그대로 드러내어 주위 사람의 공감을 얻으려는 사람을 이르는 말. 사이버 공간에서 불편하다는 말을 통해 다른 사람들의 동조를 끌어내는 사람을 일컫는 말. 대표적인 표현이 '이거 나만 불편한가요?'이다.

**프로세스 (process)** 기술적인 작업이 진행되는 과정이나 진척되는 정도.

**프로젝트 (Project)** 어떤 특정 목적으로 실시되는 프로그램 설계나 연구, 개발 등 한 번에 그치는 성격을 갖는 일이나 사업.

**프로젝트 파이낸싱 (Project Financing)** 금융기관이 사회간접자본 시설을 비롯한 대형 건설 개발 사업을 추진하려는 사업주의 신용이나 물적 담보가 아닌 프로젝트 자체의 경제성 혹은 미래 수익성에 근거하여 대출해 주는 금융기법이다.

**프로코프 (pro cope)** 프랑스 최초의 카페. 랭보, 볼테르, 루소 등이 단골로 드나들던 곳으로 유명함. 문학카페, 철학카페로 유명하다.

**프로토콜 (protocol)** 통신 회선을 이용하여 컴퓨터와 컴퓨터, 컴퓨터와 단말 기계가 데이터를 주고받기 위하여 정한 통신 규약.

**프로파일링 (Profilling)** 프로파일링의 원뜻은 자료수집이나 수사용어로는 범죄유형 분석법. 범행 현장에 있는 흔적과 범행 수법 등을 심리학적으로 분석해 범인 검거의 효율성을 높이거나 범죄자의 심리나 행동을 분석해 범행동기 및 숨겨진 의미 등을 밝히는 수사기법이다. 이런 프로파일링을 담당하는 범죄심리 분석 수사관을 '프로파일러

(profiler)' 라고 한다. 프로파일링은 1978년 미국에서 처음 범죄 수사에 도입됐고, 국내에는 2000년에 최초로 도입됐다.

**프로페셔널리즘 (Professionalism)** 자기의 직업과 그 기능, 전문 지식에 강한 자부심과 탐구심을 가지며, 사회적 책임을 자각하는 일. 전문적인 직업의식을 이른다.

**프로핀테른 (Profintern)** 노동조합이 사회의 정치변혁과 사회혁명에 적극적으로 동참할 것을 주장하는 공산주의적 색채를 띤 각국의 직업별·산업별 노동조합의 국제적 연맹조직. 정식 이름은 적색노동조합 인터내셔널.

**프롭테크 (Proptech)** 부동산 자산(property)과 기술(technology)의 합성어다. 인공지능(AI), 빅데이터, 블록체인 등 첨단 정보기술(IT)을 결합한 부동산 서비스를 말한다. 2000년대 등장한 인터넷 부동산 시세조회·중개 서비스에서 기술적으로 더 나아갔다. 부동산 중개, 3차원(3D) 공간 설계, 부동산 클라우드 펀딩, 사물인터넷(IoT) 기반의 건물 관리 등이 프롭테크에 해당한다.

**프리웨어 (freeware)** 무료로 배포되는 컴퓨터용 소프트웨어.

**플라세보 효과 (placebo 效果)** 새로운 약품이 개발되면 그 효능을 알아보기 위하여 밀가루로 만든 가짜약이 동원된다. 이 가짜약을 플라세보라고 하는데 이 가짜약이 실제로는 약효가 없으나 환자에게 약효가 있는 것처럼 믿도록 하는 심리적 효과를 말함.

**플래그 (flag)** ① 어떤 상태의 진위를 나타낼 때 사용하는 값이나 변수. ② (체육) 골프에서, 그린 위의 홀에 꽂혀 있는 깃발. 홀의 위치를 알려준다. ③ 깃발, 함대의 우두머리 함을 플래그쉽(기함)이라 함.

**플래너 (planner)** 앞으로 할 일의 절차나 방법, 규모 따위를 미리 계획해주는 사람. 입안자(立案者). 계획자(計劃者).

**플랫폼 (platform)** ① 역에서 승객이 열차를 타고 내리기 쉽도록 철로 옆으로 지면보다 높여서 설치해 놓은 평평한 장소. ② 컴퓨터 시스템의 기반이 되는 소프트웨어가 구동 가능한 하드웨어 구조, 또는 소프트웨어 프레임워크의 일종. 구조(architecture), 운영 체제(Operating System), 프로그래밍 언어, 그리고 관련 런타임 라이브러리 또는 그래픽 사용자 인터페이스(GUI; Graphic User Interface) 등을 포함한다. ③ 비즈니스에서 여러 사용자 또는 조직 간에 관계를 형성하고 비즈니스적인 거래를 형성할 수 있는 정보 시스템 환경. 자신의 시스템을 개방하여 개인, 기업 할 것 없이 모두가 참여하여 원하는 일을 자유롭게 할 수 있도록 환경을 구축하여 플랫폼 참여자들 모두에게 새로운 가치와 혜택을 제공해 줄 수 있는 시스템을 의미한다.

**플러스섬 (Plus-sum) 게임** 게임의 룰을 지키면서 기분 좋게 신나게 경쟁하여 모두에게 도움이 되는 게임.

**플렉스 (flex)** 자신의 능력이나 부에 대한 지나친 과시, 또는 과시적 소비를 뜻하는 유행어. 돈 자랑하는 행위(과시하다. 폼내다). '구부리다' 라는 의미에서 '팔을 구부려 힘을 과시하다' 라는 뜻이 파생된 후, 1990년대 미국의 힙합 가수들을 통해 재물이나 능력을 지나치게 과시하는 행위나 사람을 뜻하는 말로 발전했다. 2010년대 이후에는 힙합 가수들을 통해 이런 과시적 소비나 과시행위를 부정적인 관점에서 표현하는 의미로 대중적으로 널리 알려졌다. 한국에는 2019년을 전후하여 래퍼들을 통해 도입되어, '과시적 소비' 를 뜻하는 유행어로 사용되고 있다.

**플로베르 (Flaubert, Gustave)** 프랑스의 소설가 귀스타브 플로베르. "마음이란 것은 팔 수도 살 수도 없는 것이지만 줄 수 있는 보물이다. 그런 것이 바로 자연이다. 우리가 다음 세대에 고스란히 물려줄 수 있는 순수한 보물, 생을 구하는 예술이다."

**플리마켓 (Flea Market)** 안 쓰는 물건을 공원 등에 가지고 나와 매매나 교환 등을 하는 시민운동의 하나. 중고품을 팔고 사는 만물(벼룩)시장을 의미하기도 한다.

**플리바게닝 (plea bargaining)** 플리바게닝은 애원, 간청을 뜻하는 '플리(plea)' 와 합의, 흥정을 뜻하는 '바게닝(bargaining)' 의 합성어로, 피의자가 혐의를 인정하는 조건으로 검찰이 가벼운 범죄로 기소하거나 형량을 낮춰 주는 제도를 말한다.

**피드백 (feedback)** 학습 결과를 평가하고 그것을 학습 지도 방법에 효과적으로 반영하는 일. 수정.

**피비 (PB; Private Brand)** 대형 마트, 백화점, 슈퍼마켓 등 유통업체들의 자체브랜드 상품을 뜻한다. 제조업체에 생산을 위탁한 뒤 유통업체의 상표를 붙여 내놓는다. 해당 유통업체에서만 판매하는 게 특징이다.

**피비 (PB; private banking)** 은행에서 거액 예금자를 상대로 고수익을 올릴 수 있도록 컨설팅을 해주는 금융 포트폴리오 전문가.

**피싱 (phishing)** 주로 금융 기관이나 유명 전자 상거래 업체를 사칭하여 불법적으로 개인의 금융 정보를 빼내 범죄에 사용하는 범법 행위. 개인 정보(private data)와 낚시(fishing)를 합성한 용어이다. 원어는 voice phishing(음성＋개인정보＋낚시)이다.

**피지컬 (physical)** 외모가 빼어나면서도 실력 등이 뛰어난 경우에 쓰는 말. 체육 분야에서는 운동에 따라 필요한 육체 능력을 의미한다. 보통은 좁은 의미로 선수의 체격(키, 근육량 등)을 뜻함. 게임에서는 마우스로 할 수 있는 세밀하거나 기민한 능력을 뜻한다.

**피처링 (featuring)** 다른 가수의 연주나 노래에 참여하여 도와줌.

**피파세대 (PIPA世代)** 나이 먹고 아프고 고립되고 불쌍한 세대라는 뜻. Poor(가난), Isolated(고립), Painful(아픈), Aged(세대).

**핀테크 (Fin Tech)** '금융(finance)'과 '기술(technology)'이 결합한 서비스 또는 그런 서비스를 하는 회사. 쉬운 예로 네이버페이, 카카오페이, 삼성페이, 업비트, 빗썸 등이 모두 핀테크에 속함.

**필라테스 (pilates)** 요가, 발레, 헬스 등의 장점만을 살려서 만든 최신 운동 방법. 독일의 조셉 필라테스가 처음 고안했으며, 미국으로 이주하여 스튜디오를 차리고 무용계에 소개되면서 널리 알려지게 되었다.

**필모깨기** 좋아하는 배우나 감독의 작품을 모두 찾아서 보는 것을 뜻함. 배우의 출연작 또는 감독의 연출작 목록을 뜻하는 필모그래피 (Filmography)의 축약어인 '필모'와 어려운 장벽이나 기록 등을 뛰어 넘는다는 의미의 '깨다'를 합쳐 만들어졌다.

**필터링 (filtering)** 스팸 메일과 같이 정보 이용자가 원하지 않는 정보를 걸러내는 일.

**하드웨어 (hardware)** 컴퓨터를 구성하고 있는 기계 장치를 통틀어 이르는 말. ↔ 소프트웨어.

**하드캐리 (hard carry)** 실력이나 역량이 월등하게 뛰어난 플레이어가 팀을 승리로 이끄는 일.

**하로동선 (夏爐冬扇)** 훗날을 위해 급하지 않은 일을 준비하는 일.

**하우스푸어 (House Poor)** 빚을 내어 집을 샀는데 원리금 상환액이 가처분소득의 10%를 넘는 경우를 말한다. 즉, 내 집은 가지고 있지만 가계를 유지하는 데 필요한 소득이 충분치 않아 생활비에 쪼들리는 사람들을 일컫는다.

**하이브리드 (hybrid)** (잡종, 혼성물, 혼혈) 이질적인 두 가지 이상의 요소가 하나로 합쳐진 것으로 즉 2종을 결합하여 부가가치를 높이는 것.

**하이킥 (high kick)** 격투기에서 발을 높이 들어 상대의 얼굴이나 머리를 공격하여 치는 일. ※ 뉴스하이킥 : 새로운 소식을 전하여 주는 방송프로그램.

**하인리히의 법칙 (Heinrich's law)** 1930년대 초 미국 보험회사에 근무하던 하인리히(H. W. Heinrich)가 주창한 법칙이다. 대형사고 1건이 발생하기 전에 같은 요인으로 비슷한 29건의 경미한 사고가 있었고, 경미한 사고 이전에는 같은 원인에서 비롯된 사소한 증상이 300건이나 있었다는 것이다.

**해비타트 (habitat)** ① 잠수 작업자가 바닷속에서 장시간 거주하면서 작업 및 실험 따위를 수행할 수 있는 해중 잠수기지. ② 전 세계 무주택 서민들 주거문제를 해결할 목적으로 미국 변호사 밀러드와 그의 부인 풀러가 1976년 창설한 기독교 봉사단체. 사전적 의미로는 '보금자리'를 뜻한다. 한국해비타트에서 12년간 지어준 주택만도 국내 442가구, 국외 416가구 등 858 가구에 달한다. 초창기에는 외국 자원봉사자들이 국내에 와서 많은 활동을 했지만 지금은 오히려 국내 봉사자들이 동남아 등으로 나가는 사례가 더 많다. 국제 해비타트는 인도네시아, 태국, 인도, 스리랑카 등 쓰나미 피해국가에 총 3만5천 가구를 지어줄 계획이다. 6천 가구를 짓는 데 국내 자원봉사자 100여 명도 참가했다.

**해비타트 운동 (habitat 運動)** 사랑의 집짓기 운동. 지난 1976년 미국의 밀러드와 그의 부인 폴러를 주축으로 하여 시작된 운동으로 자원봉사자들이 무주택 서민을 위해 사랑의 집을 지어주는 운동이다. 해비타트 활동은 주택의 설계에서부터 기업들의 건축자재 지원과 공사장의 막일까지 모두 자원봉사에 의해 이루어지고 있다. 이렇게 지어진 집들은 집 없는 가정에 최저 건축비를 무이자 장기분할 상환 형식으로 판매된다. 현재 국제 해비타트는 76개 나라에서 진행되고 있으며, 이미 전 세계적으로 10만 채가 넘는 주택을 공급해 왔다. 한국 해비타트는 1980년도 후반에 시작되었다.

**해시태그 (Hashitag)** 해시는 '끌어모음'이라는 뜻이고 태그는 '꼬리표'라는 의미를 갖고 있음. 특정 단어나 문구 앞에 '#'를 써서 정보를 공유할 수 있도록 만든 기능. 해시 부호(#) 뒤에 특정 주제의 단어를 넣음으로써 그 주제에 대한 글이라는 것을 표현하는 것이다. 예컨대 한국에 대한 글이라면 #KOREA로 표현한다. 블로그의 태그와 비슷한 개념으로 같은 관심사에 대한 주제어를 지정해 하나의 창에서 볼 수 있도록 해주는 일종의 검색 기능이라 할 수 있겠다. 애초 검색의 편리함을 위해 도입되었지만, 특정 주제에 관심과 지지를 나타내는 방식으로도 많이 쓰인다. 해시태그는 2007년 미국 샌디에이고 카운티에서 산불이 났을 때 산불에 대한 정보를 '#sandiegofire'로 붙이면서 대중화된 것으로 알려져 있다.

**해프닝 (happening)** 생각하지 못한 우연의 일. 현대 예술에 있어서 표현 기법 중의 하나(즉흥 연기).

**핼러윈 데이 (Halloween Day)** 미국에서 매년 10월 31일 행해지는 축제. 새해와 겨울의 시작을 맞는 날로 아이들은 유령이나 괴물 분장을 하고 이웃집을 돌아다니며 초콜릿이나 사탕을 얻어먹으며 즐기는 축제. 고대 켈트 민족의 풍습에서 유래하였다.

**향년 (享年)** 한평생을 살아 누린 나이. 곧, 죽은 이의 나이. ~ 70세.

**허브 (herb)** 예부터 약이나 향료로 이용되어 온 식물. 라벤더, 박하, 로즈메리 등.

**허브 (hub)** 승객이나 물류 수송의 중심지 역할을 하는 교통의 요지. 허브의 원래 뜻은 '바퀴의 중심'이다. 컴퓨터나 네트워크 용어로는 다수의 컴퓨터 단말기들을 네트워크에 연결시키는 장비를 뜻하고, 교통이나 물류 분야에서는 승객이나 화물이 집중되었다가 바퀴살이 중심축에서 퍼져나가는 것처럼 여러 지역으로 퍼져나가는 사통팔달한 중심 지점을 뜻한다.

**험블레스 오블리주 (Humblesse Oblige)** 어려운 사람이 베푸는 일.

**헤게모니 (Hegemonie)** 어떤 집단을 주도할 수 있는 권력이나 지위. 헤게모니의 사전적 의미는 한 나라의 연맹제국에 대한 맹주권, 지배권, 패권이다. 하지만 오늘날 이 용어는 일반적으로 한 집단이나 국가의 문화가 다른 집단, 국가의 문화를 지배하는 것을 의미한다. 헤게모니란 개념은 1920년대 이탈리아의 공산주의 운동가인 안토니오 그람시가 자본주의의 정치적 성격을 설명하는 가운데 핵심적인 개념으로 사용했다.

**헤이븐 (Haven)** ① 항구. ② 피난처. ③ 안식처.

**헤즈볼라 (Hezbollah)** 레바논의 이슬람 시아파 정당 조직. 호메이니의 이슬람 원리주의에 영향을 받은 중동 지역 최대의 테러 조직이다.

**헬 마우스 (hell mouth)** 지옥문. ※ 대한민국의 유튜브 채널로 2019년 9월 9일에 설립되었다. 유튜브 채널에 올라가 있는 다양한 가짜뉴스를 비판하는 목적으로 개설되었다.

**호 (號)** 아호(雅號)의 준말. 세상에 널리 드러난 이름.

**호갱** 호구와 고객의 합성어. 호갱이란 뭔가 어수룩해서 이용하기 딱 좋은 그런 손님을 뜻하는 신조어다. 주로 휴대폰 대리점이나 판매점을 중심으로, 휴대폰 가입절차 등을 잘 모르는 소비자들에게 휴대폰 할부원금을 과도하게 적용시키는 경향이 있다. 최근 아이폰 6을 정상 가격으로 예약구매한 사람들을 호갱이라 불렀는데, 그 이유는 출시일에 엄청난 보조금 폭탄으로 당일 구매한 이들 중 10~20만원대 가격으로 구매했기 때문이다.

**호모데우스 (Homo Deus)** Homo는 인간, 사람을 뜻하며, Deus는 라틴어에서 유래한 God(신)이란 합성어이니 '신이 된 인간'으로 번역된다.

**호모포비아 (Homophobia)** 동성애를 병적으로 싫어하고 미워하는 생각이나 증세.

**호모 헌드레드 시대 (homo hundred 時代)** 2009년 국제연합(UN)이 작성한 '세계인구고령화' 보고서에 처음 등장한 이 말은 대부분의 사람들이 100세 장수의 삶을 누릴 가능성이 높아졌다는 뜻의 신조어다.

**홀로코스트 (Holocaust)** ① 제2차 세계 대전 중 나치 독일이 저지른 유대인 대학살. ② 일반적으로는 사람이나 동물을 대량으로 죽이는 행위. ③ 유대교에서 신에게 바치는 짐승의 통구이. ※ 기념관 출구의 표지판 : 「당신은 오늘 무엇을 보았는지 생각해 보십시오」라는 문구의 포스터가 게시되어 있다. 이는 인간이 인간에게 가한 박해에 대해 깊은 성찰을 해 보라는 뜻이다. Holocaust는 유대민족 전체를 대량학살(제노사이드) 시키려는 시도를 가리킴을 뜻한다.

**홀릭 (holic)** 어떤 대상이나 행위에 중독된 상태. 또는 그런 사람.

**홈리스 (homeless)** ① 미국 사회에서 집 없는 부랑자를 가리키는 말이다. ② 의지할 곳 없는.

**홈코노미족 (homeconomy族)** 집을 뜻하는 영어단어 '홈(home)'과 경제를 뜻하는 '이코노미(economy)'의 합성어로서 집에서 이루어지는 여러 가지 경제 활동을 하는 사람을 이르는 말.

**환과고독 〔鰥寡孤獨〕** ① 외롭고 의지할 데가 없는 처지. ② 늙고 아내 없는 사람, 늙고 남편 없는 사람, 어려서 부모 없는 사람, 늙어서 자식 없는 사람.

**황금 낙하산 (golden parachute)** 인수 대상 기업의 최고경영자(CEO)가 인수로 인해 임기 전에 사임하게 될 경우를 대비해 거액의 퇴직금, 저가의 주식 매입권(스톡옵션), 일정 기간의 보수와 보너스 등을 받을 권리를 사전에 고용계약에 기재해 안정성을 확보하고 동시에 상대방 기업의 인수 비용을 높이는 방법이다. 경영권 방어를 위한 대표적인 전략의 하나다.

**회색 코뿔소 (gray rhino)** 지속적인 경고로 충분히 예상할 수 있지만 쉽게 간과하는 위험 요인이다. 코뿔소는 멀리서도 눈에 잘 띄며 진동만으로도 움직임을 느낄 수 있지만 정작 두려움 때문에 아무것도 하지 못하거나 대처 방법을 알지 못해 일부러 무시하는 것을 비유한 말이다.

**훌리건 (hooligan)** 경기장에서 폭력을 행사하는 광적인 축구 관중. 19세기 말 영국 런던의 한 뮤직홀에서 난동을 일으킨 아일랜드의 훌리건 집안에서 유래되었다.

**휴마니타스 (hunmanitus)** 인간다움. 휴마니타스 재단은 캄보디아와 인도네시아의 비영리 파트너 단체와 제휴하여 일하는 호주 등록 자선단체이다.

**히잡 〔아랍어/ hijab〕** 여성 무슬림이 외출할 때 머리와 목을 가리기 위해 쓰는 베일로 무슬림 여성이 입는 의복의 하나다. 머리카락을 가리는 두건으로 스카프처럼 감아 머리와 목, 가슴을 가린다. 얼굴은 전부 드러

낼 수 있으며 착용이 간편한 것이 특징이다.

**히포테라피 (Hippotherapy)**  승마로 이분척추증, 다발상 경화증, 뇌병변 장애, 자폐증 등을 치유하는 운동.

**힐링 (healing)**  병을 고치는, 치료의, 차츰 치유되는.

**힙스터 (hipster)**  ① 1940년대 미국에서 사용하기 시작한 용어로서, 유행 같은 대중의 큰 흐름을 따르지 않고 자신들만의 고유한 패션과 음악 문화를 좇는 부류를 이르는 말. ② 아편을 뜻하는 속어 hop에서 진화한 hip, 혹은 hep이라는 말에서 유래했고, 1940년대의 재즈광들을 지칭하는 슬랭이었다. 한 세대가 지난 1990년대 이후, 독특한 문화적 코드를 공유하는 젊은이들을 힙스터라고 부르고 있다. 뉴욕 브루클린의 윌리 암스버그(Williamsburg), 시카고의 위커 파크(Wicker Park) 그리고 샌 프란시스코의 미션지구(Mission District)에 많은 수의 힙스터들이 거주하고 있다.

**힙하다 (hip하다)**  고유한 개성과 감각을 가지고 있으면서도 최신 유행에 밝고 신선하다. 영어 단어인 '힙(hip-엉덩이)'에 한국어 '하다'를 붙인 말로 원래 힙이란 다리와 허리가 만나는 지점을 가리키는 말이었으나 형용사로 쓰이며 새로운 것을 지향하고 개성이 강한 것을 의미한다. 비슷한 말로 핫하다, 트랜디하다 등이 있다.

**힙합 (hiphop)**  1980년대 미국에서 유행하기 시작한 역동적인 춤과 음악의 총칭. 원래는 뉴욕의 할렘가에 사는 흑인이나 스페인계 청소년들 사이에서 생겨난 새로운 문화운동 전반을 가리키는 말이었다. 이 때문에 어떤 사람들은 힙합이 미국에서 만들어진 유일한 문화라고 지적하기도 한다. 비트가 빠른 리듬에 맞춰 자기 생각이나 일상의 삶을 이야기하는 랩과 레코드의 스크래치, 마치 곡예와도 같은 격렬한 동작의 브레이크 댄스가 가미된 새로운 감각의 댄스 음악이다.

부록

## 신조어 모음

**0700** 안귀여워.

**700** 귀여워.

**H워얼V** 사랑해.

**JMT(존맛탱)** 정말 맛있는 음식을 먹을 때 사용하는 유행어. (예) '이 치킨 JMT!' 라고 말하면 치킨이 매우 맛있다는 뜻.

**KIN** 감탄사, 즐을 대신해 옆으로 뉘어 놓은 말(대부분 부정적인 의미로 쓰인다).

**OTL** OTL은 O(머리), T(팔과 몸), L(다리) 무릎을 꿇고 엎드린 자세.

**TMI(Too Much Information)** '필요 이상으로 많은 정보를 제공한다' 는 뜻. (예) 가끔 친구가 지나치게 사소한 이야기를 할 때 'TMI야~!' 라고 농담처럼 쓸 수 있음.

**가심비** 가격대비 심리적 만족도를 주는 것을 뜻한다(가성비는 감정적인 만족을 중시한다는 뜻).

**간지** 폼나고 멋지다. 멋있다. 스타일 난다.

**간지난다** 촌스럽지 않으며 멋스럽게 보일 때의 표현. 폼나다.

**갈비** '갈수록 비호감' 의 준말.

**감다살** '감이 다 살았다' 의 줄임말.

**갑분싸** '갑자기 분위기 싸해짐' 의 준말(갑분띠-갑자기 분위기 띠용).

**갑통알** '갑자기 통장을 보니 아르바이트해야 할 것 같다' 의 줄임말로 쓰인다.

**갓생** '갓(God)' + '인생' 의 합성어로 부지런하게 사는 친구를 두고 하는 말. (보기) 갓생 산다.

**강간** 게임에서 상대가 너무 약한 일방적인 게임. 관광이라고도 함.

**강직인** '강아지를 키우는 직장인' 을 뜻하는 말(바쁜 직장 생활 속에서도 반려동물을 돌보는 사람들이 사용하는 애정 가득한 단어).

**강직인** 강아지를 키우는 직장인의 줄임말.

**개그몬** 아무런 이유 없이 혼자 웃긴 일, 혹은 바보 같은 일 따위를 하는 사람을 만화 포켓 몬스터, 디지몬 등에 비유하여 개그맨+**몬을 붙여 개그몬이라 함.

**개탤맨** 개그맨과 탤런트의 합성어. 그만큼 개그맨들의 활약이 돋보인다는 의미가 담겨 있다.

**갠소** 개인 소장.

**걸바** 걸어다니는 바비 인형처럼 예쁜 여자.

**걸조** 걸어다니는 조각상, 즉 꽃미남.

**겉바속촉** 겉은 바삭 속은 촉촉.

**고고싱** '어서 가자', '빨리 시작하자' 따위의 뜻으로 쓰는 말.

**고답이** 가슴 답답하게 하는 사람.

**공스장** 공원이나 집 앞 공공시설에서 운동하는 곳.

**공홈** 공식 홈페이지.

**관광시키다** 게임에서 상대가 너무 약해서 갖고 놀다.

**광클** 미치도록 클릭함.

**구취** 구독 취소의 줄임말.

**군대리아** 군대와 롯데리아를 결합시켜 탄생했다. 군대에서 일주일에 1~
　　2번 나오는 특식.

**귀차니즘** 게으름, 귀찮음.

**근자감 〔根自感〕** 근거 없는 자신감의 줄임말.

**글설리** 글쓴이를 설레게 하는 리플.

**급짜식** '급하게 짜게 식어간다' 의 줄임말. 원래 차게 식어간다는 뜻이었
　　으나 모 아이돌 그룹 가수가 '차게 시어가' 라는 부분을 '짜게 식가' 라
　　고 노래를 부르는 바람에 '짜게' 로 변경되었다고 한다.

**까리하다** '잘 생기고 센스 있고 멋있어 보인다' 는 뜻으로 어떤 사람이나
　　상황이 멋질 때 쓰이는 표현 (보기) "너 오늘 좀 까리한데?"

**깐부** 깐부는 딱지치기나 구슬치기와 같은 놀이를 할 때 동맹을 맺고 놀
　　이 자산을 함께 공유하는 가장 친한 친구, 짝꿍, 동반자를 뜻하는 은어
　　다. 깜보, 깜부, 깐보라고도 한다. 어원은 정확히 알려지지 않았지만 평
　　안도 방언이라는 설, 소규모 재즈 밴드를 뜻하는 캄보(combo)가 주한
　　미군을 통해 전해졌다는 설, 친구 사이의 깊은 우정을 뜻하는 고사성어
　　관포지교(管鮑之交)에서 유래했다는 설 등이 있다. 프랜차이즈 치킨
　　브랜드명으로도 쓰이고 있으며 '오징어 게임' 을 통해 화제의 용어로
　　떠올랐다.

**깝ㄴㄴ** '깝치지 마세요(까불지 마세요)' 의 줄임말.

**꼬댕이** 공부도 못하고 놀지도 못하는 학생.

**꼽추다** 창피하게 하다.

**꾸꾸꾸** 꾸며도 꾸질 꾸질의 줄임말.

**꾸안꾸** 꾸민 듯 안 꾸몄으나 세련되고 예쁘다.

**ㄴㅇㅈ** 노인정.

**나노사회** 10억분의 1을 나타내는 접두어 나노(Nano). 나노사회는 공동체가 흩어지며 집단이 개인단위로 미세하게 분해되는 현상을 풀어낸 단어이다. 우리 사회가 개인주의 문화로 빠르게 이행하고 있음을 읽어낸 것이다. 나노사회에선 트렌드의 위상도 사뭇 달라지고 있다. 일정 기간 유지되는 다수의 동조에서, 소수의 사람들이 모이고 갈라지는 작은 지류로 변화중이다.

**낚시글** 인터넷 홈피에 사람들을 유인하기 위해 흥미로운 글을 올림.

**남아공** 남아서 공부나 해라는 의미이다.

**내또출** 내일 또 출근의 줄임말.

**냉무** 인터넷 게시물에 내용이 없음.

**네가지** 싸가지.

**넷심** 인터넷상의 다수의 여론, 또는 여론물.

**노무족** '더 이상 아저씨가 아니다(No more Uncle)' 라는 뜻의 신조어로, '왕년' 의 문화를 맘껏 즐기면서 최신 유행에도 뒤처지지 않는 '대한민국의 40, 50대 중년 남성' 을 일컫는 말이다.

**뇌절** 똑같은 말이나 행동을 반복하여 상대방을 질리게 하는 것. 이해할 수 없는 말에 뇌의 회로가 일시적으로 끊어지는 것처럼 사고가 정지된다는 의미도 함께 갖고 있다. 일본 만화 '나루토' 에 나오는 한 캐릭터가 말을 간단히 끝내지 않고 지나치게 늘려 말하는 데서 유래했다. 네티즌들 사이에서 '1절, 2절, 3절 하다가 뇌절도 하겠다' 라는 문장이 유행을 하며 '똑같은 말 혹은 행동을 반복해 상대를 질리게 하는 행위' 를 의미하는 신조어가 되었다.

**누물보** '누구 물어본 사람?' 의 줄임말이다(누군가 관심 없는 정보를 주절주절 늘어놓을 때 사용함). "안 궁금해" 라는 뜻임.

**뉴비** 인터넷을 처음 접하여 여러 기능에 익숙하지 않거나 통신 예절을 알지 못하여 다른 사람을 불편하게 하는 사람들을 낮추어 부르는 말. Newbie. 원래 뜻은 보통 어떤 일에 처음 접하는 사람을 가리키는 말로 사용되었으나 그 의미가 변질되어 안 좋은 뜻으로 변형되었음.

**뉴페** 뉴페이스의 줄임말로 새로운 얼굴, 즉 신입회원을 이르는 말.

**님섬** 당신이 먼저. 어떤 일을 하기에 난감할 때 상대에게 먼저 하라고 권하는 말.

**ㄷㄷ** 무섭거나 놀랍다는 표현의 '덜덜'.

**닥눈삼** 닥치고 눈팅 삼개월.

**닥버로우** '닥치고 버로우하다'의 줄임말. 원래는 하고 싶은 말이 없거나 활동을 당분간 안 하려는 사람들이 자기 스스로에게 쓰는 말이지만, '닥치고'라는 약간은 저속한 표현이 포함되어 있어 주로 2인칭의 논쟁 등에서 밀리거나 생각 없이 행동하는 상대에게 비꼬거나 모욕의 표현으로 사용하는 사람들이 더 많다.

**닥저** 인터넷에서 좋은 자료를 무조건 저장한다는 의미로 '닥치고 저장'의 줄임말.

**닥쳐 말포이** 주로 싹수가 없거나 빈정대는 사람을 보고 면박을 줄 때 쓰는 표현.

**닭질** 불필요한 행위.

**당모치** '당연히 모든 치킨은 옳다'의 줄임말. 치킨을 사랑하는 모든 사람들이 공감할 신조어. (보기) "양념이든 후라이드든 당모치야!"

**덕페이스** 셀카에서 오리처럼 입술을 쭉 내민 모양의 장난스러운 표정을 뜻한다.

**덕후** 덕후란 일본어인 오타쿠(御宅)를 한국식 발음으로 바꿔 부르는 말인 '오덕후'의 줄임말로 뜻은 오타쿠와 동일하다. 오타쿠는 1970년대 일본에서 등장한 신조어로 본래 '집'이나 '댁(당신의 높임말)'이라는 뜻을 갖고 있었다. 그러다 이 의미가 확장되면서 초기에는 집 안에만 틀어박혀서 취미생활을 하는 사회성이 부족한 사람이라는 의미로 사용됐다. 하지만 현재는 어떤 분야에 몰두해 전문가 이상의 열정과 흥미를 갖고 있는 사람이라는 긍정적인 의미로 사용된다.

**데동** '죄송'을 귀엽게 발음하여 표현한 신조어이다.

**도촬** 도둑 촬영의 줄임 말.

**돌싱스타** 돌아온 싱글 스타.

**돌직구** 빙빙 돌리지 않고 직설적으로 표현함.

**돌취생** 돌아온 취업 준비생의 줄임말.

**돼지런하다** 먹을 때만 부지런하게 먹는 사람을 말한다.

**뒤땅** 뒤에서 욕을 하거나 모함을 함.

**뒷간** 앞에서는 잘해주는 척하다가 뒤에 가서 험담을 함.

**드라마 퀸 (Drama Queen)** 드라마 여주인공처럼 지나치게 감성적이거나 과장되게 행동하는 여성.

**득템력** 자기 자신을 과시하는 수단으로 쇼핑에 대한 관심이 뜨겁다. 그래서 득템력(得+item+力)이란 말이 생겼다. 돈을 내고도 구하기 힘든 희소한 상품을 사는 능력을 뜻한다. 소비자는 이런 득템의 과정을 사회관계망서비스(SNS)에 올리며 플렉스(Flex, 부나 성공을 과시)를 즐긴다. 과시의 시대, 기업들에게 득템력은 한정판 마케팅을 통한 매출 극대화의 기회이기도 하다.

**듣보잡** '듣도 보도 못한 잡놈'이라는 뜻으로 잘 알려지지 않은 사람을 얕잡아 이르는 말.

**떡실신** 크게 충격을 받거나 놀랄 때 쓰이는 말.

**띵곡** 명곡을 다르게 표현한 단어이다.

**ㄹㅇㅍㅌ** 리얼팩트.

**러스틱 라이프** 러스틱 라이프(Rustic Life)는 '시골의', '소박한' 이라는 뜻의 영어 단어 'Rustic' 과 'Life' 를 합친 말로, 자연과 전통적인 요소를 일상에 녹여내는 라이프 스타일을 의미한다. 이는 현대 문명의 편리함에서 잠시 벗어나 자연스럽고 소박한 삶을 추구하며, 삶의 본질적인 가치를 되찾는 것을 목표로 한다.

**레게노** '레전드를 잘못 읽어서' 의 줄임말로 유명한 표현이나 말을 잘못 해석하여 다르게 사용하는 경우.

**렬루** 진짜를 뜻하는 영단어 'real' 에서 파생된 신조어로 '정말로' 라는 뜻이다.

**로우** 버로우는 스타크래프트에 나오는 저그종족의 하이딩스킬인, 버로우(burrow)에서 나온 말인데, 일반적으로 있게 떠벌리다가 약점이 발견되어 자취를 감출 때, 적절하지 못한 행동이나 언행으로 인해 모습을 감출 때 쓰는 말이다.

**롬곡** '눈물' 을 뒤집어서 쓴 단어(**롬곡옾눞**: 폭풍눈물).

**마기꾼** 마스크를 쓸 때 예쁜데 벗으면 생각보다 예쁘지 않다는 뜻의 신조어.

**마상** 마음의 상처.

**마싸** 내 기준대로 사는 사람.

**만반잘부** 만나서 반가워 잘 부탁해의 약자이다.

**말넘심** 말이 너무 심하다.

**맞삭** 블로그나 미니홈피에서 서로 친구관계 삭제.

**머글** 아이돌 팬들 사이에서 아이돌에 관심이 없는 일반인들을 지칭하는 말이다.

**머선129** '무슨 일이야?' 라는 뜻(놀라운 상황이나 황당한 일이 있을 때 사용하는 유행어).

**먹금** 관심을 끌려고 하거나 분쟁을 유도하는 사람. 제정신이 아닌 것 같은 사람에게 사용하는 말로 '먹이금지' 즉 아예 반응을 해주지 말라는 뜻..(상대할 가치가 없으니 무시하라는 함축적인 의미를 담고 있음).

**먼치킨** 원래는 TRPG를 하던 시절에 말도 안 되는 플레이를 하던 족속들을 이르는 말이었으나 현재는 무지 강한 캐릭터 능력자를 지칭한다.

**멍청비용** 쓰지 않아도 됐을 돈이나 시간을 소비했을 때 이를 표현하는 신조어이다.

**메덕** 메이크업 덕후의 줄임말로 메이크업에 진심인 사람을 말한다.

**메불메** 호불호. 호날두가 우리나라에 와서 했던 비매너 행동 때문에 호불호라는 단어를 보면 호날두가 생각나서 호날두보다 나은 메시를 덧대로어 메불메라고 함.

**명존세** '명치 굉장히 강하게 때린다'의 줄임말로 맞을 짓을 하는 사람을 때리고 싶다는 의미로 쓰인다.

**무물** '무엇이든 물어보세요'의 줄임말.

**문송하다** '문과라서 죄송합니다'의 줄임말이다.

**문찐** 대중문화에 대해 잘 모르는 사람을 낮잡아 이르는 말(트렌드를 따라가지 못하는 사람. 문화에 뒤처진 사람).

**물멍** 물을 보면서 멍하게 있는 상태를 뜻한다.

**ㅂㅂㅂㄱ** '반박 불가'의 초성으로 말 그대로 반박을 할 수 없는 상황에 사용하는 말이다.

**반맞반틀** 반을 맞고 반을 틀렸다.

**반모** '반말 모드'의 줄임말로 상대방과 반말을 사용하자는 의미.

**반신** 반말 신청의 약자.

**반퇴세대** 정년이 되기 전에 퇴직을 한 후 다시 새로운 일자리를 찾는 세대. 평균 수명은 늘어났지만 은퇴 시기는 앞당겨져 경제적인 문제 등으로 재취업이나 창업을 하며 계속 직업을 가져야 하는 세대를 말한다.

**반팅** 내 홈피에도 들려줘라. (예) 네 홈피에 들를게 반팅해라.

**발컨** '발로 컨트롤하다'의 줄임말(서툰 사람).

**방구석 여포(방구석＋여포)** 방구석 혹은 집구석에서 엄마한테만 강한 모습을 보이는 사람.

**방방봐** '방송은 방송으로만 봐라'라는 뜻(현실과 방송의 경계를 분리하자는 메시지를 담고 있다).

**배사** 배경사진의 줄임말이다.

**뱅스터 (Bankster)** 뱅크와 갱스터를 합친 신조어. 미국의 월가 은행들이 폭력배처럼 무분별하게 국민의 돈을 강탈했다는 뜻으로 생겨난 말.

**버닝** 열정적으로, 열렬히, 엄청나게 빠져있는, 심하게 사랑하고 있는(영어 단어 뜻 그대로 Burning).

**버로우** 일방적으로 자신 있게 떠벌리다가 약점이 발견되어 자취를 감출 때 적적하지 못한 행동이나 언행으로 인해 모습을 감출 때 쓰이는 말.

**법블레스유** 법이 아니었으면 상대를 가만히 두지 않았을 것(법＋bress＋you). 법이 너를 지켜주길.

**벼락거지** 벼락부자의 반대말로 쓰인다.

**별다방** 스타벅스(Starbucks).

**별다줄** 별걸 다 줄인다.

**보배** '보조배터리'의 줄임말.

**보잡** 듣도 보도 못한 잡것(홀)이란 뜻.

**복세편살** '복잡한 세상 편하게 살자'의 줄임말.

**본좌** 본인의 높임말(무협지에서 유래).

**볼매** 볼수록 매력 있다는 뜻.

**불멍** 불을 보면서 멍하게 있는 상태를 뜻한다.

**불통대첩** '불통＋대첩'의 조합어로 의사소통이 완전히 막혀버린 상황을 의미함.

**불펌** 인터넷상에서 자료 등을 올린 이의 허락 없이 다른 곳에 업로드하는 것.

**뷰알못** '뷰티를 알지 못하다'라는 뜻으로, 화장이나 머리 손질, 몸매 관리 따위와 같이 외모를 꾸미는 일에 대한 지식이 없는 사람을 이르는 말.

**브금** 주로 인터넷상에서, 배경 음악을 뜻하는 '비지엠(BGM)'을 소리 나는 대로 조합하여 만든 말. 한글로 읽히는 대로 표현한 신조어이다.

**비담** 비쥬얼 담당(주로 아이돌 그룹에서 외모가 뛰어난 사람을 가리키는 말).

**빼박캔트** '빼도 박도 못한다'라는 의미이다.

**뻘글** 아무 의미 없이 써 놓은 글.

**뽀대** 센스 있다. 빛이 난다. 폼난다(간지와 같은 말). 어머니가 갓난아이의 무릎을 눌러주면 아이가 두 팔을 죽죽 뻗는데 그 모습이 보기 좋다는 뜻에서 유래함.

**사바사** '사람 by 사람'의 약자로 사람에 따라 다르다는 뜻.

**사오정** 45세 정년이라는 말로 정년이 아닌데도 직장에서 내몰리는 40대를 비유한 표현.

**산스장** 산에 있는 헬스장. 코로나19 방역조치로 헬스장이 운영 중단되면서 운동을 즐기는 사람들이 대안으로 찾은 곳.

**삼귀다** 사귀다, 썸타다.

**삼귀자** 연인들이 본격적으로 사귀기 전의 단계를 표현한 것.

**삼팔선** IMF때 생겨난 신조어로 취업 나이가 삼십팔 세를 넘기지 말라는 의미.

**새됐다** 바보가 됐다.

**샌드위치 제너레이션 (Sandwich Generation)** 자식 교육과 노부모 부양을 동시에 책임지게 된 40~50대 초반의 중년 세대.

**생선** 생일선물.

**샤방** 눈에 띄게 아름다워 빛이 나는 사람.

**서덕후 (십덕후)** 일본말로 어딘가에 깊게 빠져있는 폐인들을 지칭하는 말로 쓰이는 오타쿠(대체로 일본 애니나 비디오게임에 빠진 사람들). 오타쿠란 말이 우리나라에 익숙하게 오덕후란 말로 변형되어 사용되고 있고, 오덕후를 넘어선다고 해서 십덕후라고 한다(5덕후-〉10덕후).

**설리** 스스로를 설레게 만드는 리플의 준말로, 댓글이 하나도 달려 있지 않을 때 그냥 의미 없이 댓글을 달아 스스로를 위안하는 리플을 말한다(시리즈로 많음).

**설참** 설명 참고의 줄임말.

**성덕** '성공한 덕후' 의 줄임말이다.

**세요체** 상대편을 보통으로 높이면서 대개 안부를 물을 때 쓰이는 종결형의 말체. 무한도전의 박명수가 유행시킨 말투.

**세이런츠** 공유하다의 '세어' 와 부모 '페어런츠' 의 합성어로 자녀의 일상을 sns에 올리는 부모를 지칭하는 단어이다.

**셈체** '~하세요' 를 줄여 쓰는 것. '삼체' 해주삼(해줘), 지둘리삼(기다려) 등.

**소확행** '작지만 확실한 행복' 이라는 뜻으로, 일상에서 누리는 소소한 즐거움을 이르는 말.

**손놈** '손님이지만 매너가 없는 사람' 을 뜻한다.

**솔까말** 솔직히 까놓고 말해서.

**숨고** '숨은고수'의 준말로 일반인들이 노하우가 필요하거나 무언가 배우기 위해서 사용하는 어플.

**쉐도우 복싱** 아무도 뭐라고 안 했는데, 혼자 북 치고 장구 치고 하는 행위를 말한다.

**쉼포족** 휴식을 포기할 정도로 바쁘고 고달픈 삶을 사는 현대 직장인을 지칭하는 뜻이다.

**쉽살재빙** 삶을 즐기면서 살자.

**스몸비** 스마트폰과 좀비의 합성어로 길을 걸어 다닐 때도 스마트폰을 보며 걷는 사람을 지칭하는 단어이다.

**스불재** '스스로 불러온 재앙'의 줄임말. (예) 과제 미룬 거 스불재네ㅋㅋ.

**스블재** 스스로 불러온 대안의 줄임말.

**스샷** 컴퓨터 파일을 그림으로 저장하는 것.

**스설리** 스스로를 설레게 만드는 리플의 줄임말로 댓글이 하나도 달려 있지 않을 때 그냥 의미 없이 댓글을 달아 스스로를 위안하는 리플.

**스세권** '스타벅스＋역세권'의 합성어로 스타벅스가 가까이 있는 지역을 뜻하는 단어이다.

**슬세권** 슬세권은 슬리퍼와 역세권의 세권을 합성한 말로서, 슬리퍼 차림으로 각종 편의시설을 이용할 수 있는 주거 권역을 의미한다. 전통적인 거주지 선택 기준은 지하철역과 가까운 역세권이었지만 슬세권이 주목받고 있다. 이는 2030세대를 중심으로 집근처에서 여가시간을 보내는 문화가 확산되면서 가까운 거리에 카페, 편의점, 영화관, 은행, 도서관, 쇼핑몰 등이 있는지를 중요시하는 이들이 늘어남에 따라 생겨난 현상이다. 슬세권이 부동산 트렌드의 일종으로 떠오르면서 주택 앞 상권 또는 아파트 단지 내 상가로의 투자 수요 역시 급증하는 추세다.

**시강** 시선 강탈의 줄임말—아주 눈에 띄어서 시선을 빼앗겼다.

**시발비용(홧김비용)** 스트레스를 받아 홧김에 물건을 구매하는 비용을 말한다.

**식집사** '식물＋집사' 의 조합어로 식물을 애정을 갖고 키우는 사람.

**신꾸** 구멍이 송송 뚫려 있는 크록스 신발을 예로 들 수 있다. 구멍에 지비츠라고 불리는 악세사리를 끼워서 신발을 꾸미는 것이다. 또한, 최근의 MZ세대들은 기프티콘도 그냥 주지 않는다. 그림을 그리거나 스티커를 붙이는 등 예쁘게 기프티콘을 꾸며서 주는데, 기프티콘 꾸미기, 깊꾸의 예시이다. 또한, 폴꾸는 인화된 폴라로이드 사진을 예쁘게 꾸미는 것을 의미한다.

**실드관말** '실패한 드립에 관심을 주지 말라' 의 줄임말.

**십덕후** 오덕후를 넘어선다는 의미.

**십장생** 십대부터 장래를 생각해야 한다는 뜻.

**ㅆㄱㄴ** '무조건 가능' 이라는 뜻의 초성 신조어. 누군가 제안을 할 때 바로 승낙하는 의미로 많이 사용됨. (예) '저녁에 치킨 어때' 라고 하면 답은 'ㅆㄱㄴ~!'

**썩소** 썩은 미소(완소의 상대어).

**쎄요체 (써요체)** 상대방을 보통으로 높이면서 안부를 물을 때 쓰이는 종결형의 말체.

**ㅇㄱㄹㅇ** 이거레알(이거진짜?).

**ㅇㅇ** 알았다는 뜻(응).

**ㅇㅈ** 주로 인터넷 SNS에서 주로 볼 수 있으며, '인정' 이라는 뜻의 신조어이다.

**아놔** 상대방의 황당한 말이나 행동을 보았을 때.

**아싸** 인싸의 반댓말(사람들과 잘 어울리지 못하는 사람).

**아아** 아이스 아메리카노.

**아웃오브안중** 영어 'out of'와 한글 '안중'의 합성어로 '안중에 없다', '관심이 없다', '신경을 쓰지 않는다'의 뜻.

**아이비엠 (IBM)** 이미 버린 몸의 줄임말.

**아이엠 그루트** 할 말은 많지만 하지 않겠다. 유래는 마블영화 '가디언즈 오브 더 갤럭시'에 나오는 그루트는 '아이엠 그루트'라는 말만 반복한다. 영화 내내 그루트의 대사는 '아이엠 그루트' 뿐이다. 이처럼 할 말은 많지만 그루트가 되어 그냥 아이엠 그루트만 말하고 싶다 할 때, 아이엠 그루트라는 말을 쓴다. 아이엠 그루트라는 말은 주로 욕을 하고 싶을 때 쓰곤 한다. 예를 들면, 친일파 연예인 관련 뉴스, 부정부패를 저지른 정치인 뉴스 등에 덧글을 달 때 무작정 욕이나 악플을 달면 명예훼손 및 모욕죄로 고소를 당할 수 있으니 욕 대신 '아이엠 그루트'라는 덧글을 다는 것이다.

**악플러** 온라인상에서 다른 사람이 올린 글에 저질의 악성 비난, 비방의 글을 올리는 사람.

**안습** 안구에 습기가 차다. 눈물이 난다. 주로 대상이 슬프거나 안타까움, 가엾은 경우에 말한다.

**안물** 기분 나쁜 말, 상대방이 기분을 상하는 말을 했을 때 '안 물어봤어'라는 의미로 쏘아주는 말.

**알잘딱깔센** 유튜버 '우왁굳'이 사용하는 말로, '알아서 잘 딱 깔끔하고 센스 있게'라는 줄임말이다.

**알파걸 (Alpha Girl)** 남성을 능가하는 능력을 가진 엘리트 여성.

**알파이더** 가정 경제의 주도권을 쥐는 여성.

**애널서킹** 자신의 이득을 위해서라면 어떤 일이든 물불 안 가리는 사람의 행동을 일컫는 말.

**애빼시** 애교 빼면 시체의 줄임말.

**양꼿** 매우 엄청 많이, 긍정을 나타내는 수식어. (예) 그녀가 양꼿 예쁘다.

**어쩔티비** '어쩌라고＋티비'의 합성어. '어쩌라고 가서 티비나 봐라' 뜻. 상대방을 열 받게 하는 게 목적. ↔ 저쩔티비.

**어퍼웨어** 상의만 신경써서 입는 것.

**억텐** '억지 텐션'을 줄인 말로 분위기를 어색하지 않게 하기 위해 억지로 흥을 낼 때 쓰이는 말. (보기)'오늘 억텐 너무 힘들다~!)

**얼리힐링족** 당장 앞에 있는 자신의 행복을 우선적으로 생각하고 행복하게 살아가는 세대를 지칭하는 말이다.

**얼빵** 못생긴 사람(얼짱의 상대어).

**얼죽아** 얼어 죽어도 아이스 아메리카노의 줄임말.

**엄친아** 엄마 친구 아들을 지칭. 부족한 것 하나 없이 모든 방면에서 뛰어난 사람을 지칭.

**에이에스케이와이 (ASKY-아스키)** '안생겨요'의 영문 이니셜. 약자로 뭘 해도 남자친구(여자친구)가 안 생긴다는 의미로 자주 쓰인다.

**엑박 (X Box)** 인터넷에 있는 사진, 동영상 등의 자료가 삭제되었거나 경로를 알 수 없을 때 쓰는 말.

**열공** 열심히 공부함.

**열폭** '열등감 폭발'의 줄임말. 주로 상대방의 학벌 혹은 능력적인 면이 자신보다 앞선다는 가치 판단에서 비롯되는 질투와 시기의 과장된 표현임.

**염장질** 염장 지른다.

**영고** '영원히 고통 받는다'의 약자.

**오나전** 완전.

**오놀아놈** 오우 좀 놀 줄 아는 놈인가의 약자이다.

**오륙도** 〔五六盜〕 56세까지 직장에 있으면 도둑이라는 뜻. 정년을 채우지 못하는 50대를 비유.

**오링나다** 다 쓰다.

**오뱅알** '오늘 배송 알찼다' 'ㅇㅂㅇ'으로 쓰기도 함. (반) 오뱅망.

**오엠이** 〔OME〕 'Oh My Eyes'의 줄임말. '아 내눈~'이라는 뜻으로 못 볼 것을 봤을 때 쓰이는 말. 경제에 대한 신조어.

**오저치고** '오늘 저녁 친킨 고?'의 약자로 저녁에 치킨 먹자는 표현법으로 쓰인다.

**오팔족** 〔OPAL〕 '활동적인 노인들'을 뜻한다. 'old people with active life'를 줄인 말.

**옴뇸뇸** '귀엽게 먹는다'는 뜻으로 쓰인다.

**와리가리** 적의 반격을 받지 않고 적을 쓰러뜨리는 기술.

**완소남** 온전히 소중한 남자.

**욕세권** 욕을 먹을수록 값이 오르는 강남의 땅.

**우너츄** 강력 추천.

**우심손까** 우리 심심한데 손이나 잡을까('우심뿌까'도 있음).

**우유남** 우월한 유전자를 가진 남자.

**움짤** 움직이는 짤방을 줄임말. 드라마나 뮤직비디오의 장면을 캡처한 이미지에다 혹은 움직이는 gif 파일을 총칭함.

**워라밸** '워크 앤 라이프 밸런스'의 줄임말로 일과 삶의 균형을 중요하게 여긴다는 뜻이다.

**음지생활** 저녁 시간 집에서의 조용한 삶(TV 대신 독서에 빠져있는 모습).

**이생망** '이번 생은 망했다'의 줄임말.

**이얼사** 예쁘다.

**이왜진** '이게 왜 진짜임?'의 줄임말

**이코노사이드 (econocide)** 경제 상황의 악화로 인하여 하는 자살을 이르는 말. 경제(economy)와 자살(suicide)을 합성.

**이태백** 이십대 태반이 백수.

**인싸** 사람들과 잘 어울리는 사람.

**일생가** '일상생활 가능하니?' 의 줄임말.

**일취월장** 일요일에 취하면 장난 아님.

**일코노미** 혼자서 경제생활을 꾸려 나가는 일. 일인(1人)과 경제를 뜻하는 이코노미(economy)를 합친 말이다.

**임구** '이미 구독을 했다' 는 뜻이다.

**입덕** 어떤 분야나 사람을 열성적으로 좋아하기 시작함.

**있어빌리티** '있어 보인다+ability' — 남들에게 있어 보이게 하는 능력.

**ㅈㅂㅈㅇ** 정보좀요.

**자낳괴** '자본주의가 낳은 괴물' 의 줄임말. 자본주의적인 소비나 사고방식에 깊이 물든 사람이나 상황을 풍자적으로 표현할 때 사용된다. (보기) '나도 요즘 자낳괴 같아, 쇼핑 너무 많이 해~!'

**자라족** 자립할 나이의 성인이 되어서도 독립적으로 살아가지 않고 부모에게 경제적으로 의지하는 사람. 또는 그런 무리. 유사시에 부모라는 방패막이 속에 숨는다고 하여 붙여진 이름이다.

**자만추** 자연스러운 만남 추구. (인만추 : 인위적인 만남 추구).

**자방** 스스로 반성.

**자삭** 자진 삭제.

**잼망** 재미없고 망함을 줄임말로 기대했던 것보다 재미없거나 실패했을 때 사용함.

**잼민** 초등학생 등 저 연령층을 통틀어 지칭할 때 사용되는 말.

**점메추** 점심메뉴 추천. (저메추—저녁메뉴 추천. 아메추—아침메뉴 추천).

**제곧내** 제목이 곧 내용이라는 뜻으로 쓰인다.

**젭라** '제발' 을 빨리 쓰다 생긴 오타. 일부러 쓰기도 함.

**졌잘싸** 졌지만 잘 싸웠다.

**조낸** 매우(비속어).

**존맛탱 〔JMT〕** 영어 발음을 따서 만든 신조어로 '맛있다' 는 뜻을 가진 단어이다. 그러나 비속어를 따서 생겨난 단어이기 때문에 아무데서 무턱대고 사용하기엔 무리가 있는 말임.

**좋댓구알** '좋아요, 댓글, 구독, 알림 설정' 의 줄임말. 유튜브 콘텐츠에서 흔히 쓰는 문구로 크리에이터들은 시청자들에게 이렇게 부탁하곤 하죠 "좋댓구알 부탁드려요~!"

**좋못사** '좋아하다 못해 사랑한다' 는 뜻(무언가를 아주 좋아하는 마음을 표현할 때 사용함).

**주불** '주소 불러' 의 줄임말로 무언가를 보내거나 배달을 할 때 상대방에게 간단히 요청하는 표현. (보기) '케이크 보낼게! 주불~'

**주장미** 주요장면 미리 보기.

**중꺾마** 중요한 것은 꺾이지 않는 마음.

**지대** 제대로라는 말의 변형태. '엄청난, 좋은, 훌륭한, 무척' 이라는 의미로 쓰임.

**지름신** 신제품이나 마음에 드는 물건을 보면 일단 사도록 부추기는 가상의 신을 일컬음.

**지못미** '지켜주지 못해 미안해' 의 줄임말.

**지져스** ① 예수(4? B.C.~A.D. 29?). ② (속어) 제기랄(저주 · 불신 · 놀람 · 공포 · 실망 · 고통 등의 강한 표현). ③아이고.

**짤** 인터넷에서 유행하는 이미지나 밈을 뜻함. (예) 이거 완전 웃긴 짤이야.

한 번 봐봐.

**짤방** '짤림 방지'의 줄임말.

**짬바** 짬에서 나오는 바이브(연륜의 노련미).

**쩐다** ① 어떤 재능이나 능력이 평범한 사람들보다 남달리 뛰어나다. ② 어떠한 일에 완전히 몰두하여 고수나 달인이 될 때까지 계속하다. ③ 무엇인가 멋지고 희귀한 것을 발견했을 때 지르는 탄성.

**쳐말포이** 주로 싹수가 없거나 빈정대는 사람을 보고 면박을 줄 때 쓰는 표현.

**초딩** 초등학생을 비하하는 말이기도 하지만 비슷한 뜻의 중딩과 고딩도 있다. '잼민이'(어린아이처럼 행동하는 사람)라는 뜻과 같다고 보면 된다.

**최애** '가장 사랑하는'의 약자.

**출첵** 출석 체크의 준말.

**치킨** 원래는 TRPG를 하던 시절에 말도 안 되는 플레이를 하던 족속들을 이르는 말이었으나 현재는 무지 강한 터 및 능력자를 지칭한다.

**치킨패스** 잠깐을 외출하려 해도 부인의 눈치를 봐야 한다.

**캐공감** 매우 공감한다.

**캘박** 캘린더에 박제한다는 뜻으로 중요한 일이나 기억하고 싶은 일을 기록하는 행위(보기). (예) "너무 재미있어서 이날은 캘박!"

**콩다방** 커피빈 Coffee Bean.

**크크루삥뽕** 할 말 없을 때 쓰는 말. 뭔가 더 할 말이 없거나 분위기를 가볍게 넘길 때 사용함.

**클라우드 소비** Cloud(공유)+소비. 보이지 않아도 존재하는 소프트웨어에 일정액을 내고 사용하는 시스템. (예) 넷플릭스, 쏘카, 전동킥보드 대여 등.

**키보드워리어** ① 인터넷상에서는 거침없는 내용의 게시물을 올리는 등 활발하게 활동을 하면서도 막상 실제 생활인 오프라인 상태에서는 전혀 힘을 쓰지 못하는 소심한 성격을 가진 이들을 지칭하는 표현. ② 인터넷 공간에서는 악성 리플, 욕설, 타인사칭 등 무모하고 예의 없는 행동을 하면서도 막상 실제 생활에서는 파리 한 마리도 제대로 죽이지 못하는 이들을 풍자할 때 사용하는 단어.

**킹리적 갓심** '합리적 의심' 이라는 단어에서 유래. 상황에 대해 매우 이성적으로 의심이 들 때 쓰이는 표현. (예시) "이렇게 빨리 성공했다고? 킹리적 갓심 드네~."

**킹왕짱** '매우 대단하다' 는 것을 강조하는 뜻으로, 'KING＋왕(王)＋ZZANG' 의 세 단어가 합쳐진 인터넷 신조어.

**톡디** 카톡 아이디.

**퇴듀던트** 퇴근 후 독서실로 향하는 직장인.

**퇴준생** 퇴사를 준비하는 사람.

**투투** 남자친구, 또는 여자친구하고 만난 지 22일 되는 날, 또한 친한 사람들에게 2200원씩 받음.

**티엠아이 (TMI)** ① Too much information의 줄임말로 필요치 않은 사소한 것까지 하나하나 설명하는 사람을 뜻한다(너무 과한 정보, 쓸데없는 정보). 영어권 국가에서 2000년대부터 사용된 인터넷 신조어이며, 우리나라는 트위터에서 퍼지기 시작해 최근 일상생활에서도 자주 사용되고 있다. ② Text Message Injury의 줄임말로 자주 문자 메시지를 보내는 사람들 사이에서 공통적으로 나타나는 어깨, 손목 따위의 통증을 말한다(문자 메시지 통증).

**티엠티 (TMT)** Too much talker의 줄임말로 지나치게 말이 많은 사람을 뜻한다.

**파이어 (FIRE)** 경제적 독립을 통해 조기에 은퇴하는 삶의 방식. Financial Independence, Retire Early의 약자.

**팬아저** '팬이 아니어도 저장'의 줄임말이다.

**퍼케이션 (Furcation)** 일시휴가(Furlough)와 휴가(vacation)의 합성어. 회사 경영난으로 직원에게 강제로 주어진 무급휴가.

**펌킨족** 게시물을 퍼가는 것(펌질)을 좋아하고 잘하는 사람들을 일컬음.

**페시미즘 포르노 (pessimism porn; 선정적 비관주의)** 거액을 잃은 금융가들이 고층빌딩에서 뛰어내리는 장면에서 유래한 단어. 경제상황을 지나치게 암울하게 포장해 선정적으로 보도하는 언론의 행태를 음란물에 빗댄 말.

**편도족** 편의점 도시락 먹는 사람.

**푸라면** 신(辛)라면의 한자를 한글모양대로 변환하여 부름.

**피코** 피해자 코스프레.

**하실?** '하실래요?'의 줄임말.

**할말하않** '할 말은 많지만 하지 않겠다'의 줄임말.

**헐** 어이가 없을 때 쓰는 말.

**현타** 현실 자각 타임(헛된 꿈이나 망상 따위에 빠져 있다가 자기가 처한 실제 상황을 깨닫게 되는 시간을 말함).

**호러무비 (Horror Movie)** 공포영화.

**호캉스** '호텔＋바캉스'의 합성어로 호텔에서 바캉스를 즐기는 것.

**혼바비언** 혼자 밥을 먹는 사람.

**혼밥** '혼자서 밥 먹기'의 줄임말.

**혼술** '혼자서 술 먹기'의 줄임말.

**혼영** '혼자서 영화 보기'의 줄임말.

**혼테크 (婚tech)** 여자들이나 남자들이 결혼을 통해 어려운 현실에 최대한 이익을 내는 재테크 사업이라는 발상.

**혼틈** '혼란을 틈타다'의 줄임말로 갑작스러운 상황 속에서 기회를 잡는 행동을 의미함. (보기) '혼틈에 자리잡았다~!'

**후렌드** 'Who+Friend'의 합성어로 온라인으로 처음 본 사람과도 서슴없이 소통하며 누구와도 친구가 될 수 있다는 뜻(인친).

**훈남** 훈훈한 정이 가는 남자. (예) "미남이 지고 훈남이 뜨고 있다."

**휘게** 휘게(덴마크어 · 노르웨이어: Hygge)는 편안함, 따뜻함, 아늑함, 안락함을 뜻하는 덴마크어, 노르웨이어 명사이다. 가족이나 친구와 함께 또는 혼자서 보내는 소박하고 여유로운 시간, 일상 속의 소소한 즐거움이나 안락한 환경에서 오는 행복을 뜻하는 단어로 사용된다. 예를 들어서 '율레휘게'(Julehygge)는 '크리스마스에서 오는 행복'을 뜻한다. 혹은 휘게라는 단어 자체가 '사랑하는 사람들과 함께하는 시간을 소중히 여기며 삶의 여유를 즐기는 라이프 스타일'이라는 의미로 쓰이기도 한다.

**흠좀무** '흠, 그게 정말이라면 좀 무서운데'의 줄임말.

**희연사** '희귀한 연예인 사진'의 줄임말.

**힘숨찐** '힘을 숨긴 진짜 주인공'이란 뜻의 신조어다. 영화나 드라마, 소설, 애니메이션 등 대중문화에 자주 등장하는 주인공 캐릭터로, 강한 힘을 가졌으나 제어가 안 돼서 마법의 힘을 숨겨야 했던 '겨울왕국'의 엘사나 생존을 위해 자신의 능력을 숨기고 기억을 잃은 척하다가 능력을 내보이는 영화 '마녀'의 자윤, '스파이더맨' 시리즈에서 슈퍼 히어로이지만 평소에는 어리숙한 행세를 하는 피터 파커가 대표적인 '힘숨찐' 캐릭터다.

**ㅗㅜㅑ** 오우야의 모음 버전으로 '어머나' 정도의 감탄사로 주로 얼굴이나 몸매에 대한 감탄을 표현할 때 사용한다.

# 우리나라 자동차 이름에 담긴 뜻

## 1. 현대

**i30, i40** I는 '영감(inspiring), 기술(intelligence), 혁신(innovation)'에서 왔다. 숫자는 부품(세그먼트)을 의미.

**갤로퍼** 갤로퍼의 로고, 질주하는 말.

**그랜저** '웅장, 장엄, 위대함'을 의미하며 정통 세단의 품위와 조화를 이룬 자동차.

**그레이스** 그레이스의 에이스는 야구에서 주전 투수나 최우수 선수 등 명인을 나타냄.

**다이너스티** 영어이고 왕조라는 뜻.

**마이티** '강력한, 힘센'이란 뜻을 가짐.

**맥스크루즈** '최대, 최고'를 뜻하는 'Maximum'과 품격 있는 유람선 여행을 뜻하는 'Cruise'를 결합한 단어.

**베르나** 이태리어로 '청춘, 열정'이라는 뜻.

**벨로스터** Velocity(빠른)와 Roadster(로드스터)의 합성어. 속도를 다루는 차.

**산타모** 'Safety and talented motor'의 약자로 안전하고 다양한 기능을 가진 다목적인 차.

**스쿠프** 영어의 Sports와 Coupe의 합성어.

**스타렉스** '별 중의 별', 'Star(별)+Rex(왕)'의 합성어. 안전, 주행성, 힘, 공간, 편안함 등 모든 면에서 가장 뛰어난 차.

**싼타페** '성스러운 믿음'이라는 의미의 미국 뉴멕시코에 있는 인디언 마을 이름. 일상에서 벗어나 여유와 자유를 추구한다는 뜻.

**쏘나타** '피아노 독주곡 4악장 형식의 악곡'으로 혁신적인 성능과 기술을 시현한 종합예술의 자동차.

**아반떼** 스페인어 '전진(前進), 발전(發展)'의 의미로서 신기술 개발로 세계 최정상을 목표로 향하는 현대자동차를 뜻함.

**아이오닉** 전기적인 결합과 분리를 통해 새로운 에너지를 만들어내는 이온(ion)과 독창성(unique)이 결합된 합성어.

**엑센트** '삶의 활력'을 의미하는 영어단어 'Accent'이다.

**엘란트라** 불어로 '열정'이라는 'ELAN'과 'TRA' 합성어.

**제네시스** 성경의 '창세기(創世記)', '기원, 발생'이란 뜻.

**카운티** 백작이 관찰하는 영토에서 유래된 전원의 안락함과 현대적 세련미를 조화시킴.

**코나** 하와이의 화산섬 이름.

**코러스** 전 직원이 모두 한 마음으로 화합해 만든 차라는 의미.

**테라칸** 대지(TERRA)와 CAN(제왕, 지배자)으로 이루어진 이름으로 대지를 지배하는 제왕. SUV의 왕중 왕을 상징.

**투싼** 미국 애리조나주 남쪽에 있는 휴양지 이름.

**트라제** 불어로 '여행, 여정'이라는 뜻.

**티뷰론** 스페인어로 '상어'라는 뜻.

**팰리세이드** 미국 캘리포니아주 로스앤젤레스의 서쪽 해변, 퍼시픽 팰리세이드에서 따옴.

**포터** 영어로 짐꾼. 여유 있는 적재공간과 안락한 운전 공간을 확보하고 있는 포터는 화물을 운반할 때 필수적이다.

**K3, K5, K7, K9** K는 기아차(KIA), 대한민국(KOREA)의 대표 글자이며, 그리스어의 '강함, 지배, 통치'의 뜻인 'KRATOS'의 첫 글자. 경쟁력 있는 신차로 다른 차들을 압도하고 능가한다는 목표를 지님.

**니로** 배출가스 배기량이 제로에 가깝다는 뜻의 '니어 제로(Near Zero)'에서 따옴.

**라이노** 코뿔소처럼 힘은 세고 유지비는 적게 들어 돈을 잘 벌게 해준다는 의미.

**레이** 영어로 '빛', '서광(曙光)' 등을 의미하며, X-ray, Blue-ray 등의 낱말에 포함된 Ray와 같은 뜻.

**모닝** 아침의 신선함과 새로움, 첫 출발.

**모하비** '최고의 기술을 가진 SUV의 최강자'라는 뜻의 'Majesty Of Hightech Active Vehicle'의 준말인 동시에 미국 모하비 사막의 지명을 약간 변형한 이름이기도 함.

**복사** 권투 선수처럼 힘차고 강력한 트럭임을 뜻함.

**봉고** 영어로 넓은 초원을 날렵하게 뛰어다니는 '아프리카 산양'을 뜻한다.

**브리사** 산들바람, 미풍.

**세레스** 고대 그리스 신화의 땅.

**셀토스** 역동적인 속도를 의미하는 스피드와 용맹한 신화 속 인물인 켈토스의 이름을 합쳐 만듦.

**슈마** 라틴어로 '최고, 가장 중요한 것'이란 뜻.

**스토닉** '재빠른'을 의미하는 'speedy'와 '으뜸'을 뜻하는 'tonic'의 합성어로 날렵한 이미지의 소형 SUV 리더를 의미함.

**스팅어** 기아차 중에 가장 빨라서 '쏘다, 찌르다' 라는 뜻을 지님.

**스펙트라** '빛의 근원이다' 라는 뜻. 스타일, 성능, 경제성, 편의성 등 고객의 다양한 요구를 충족한다는 의미.

**스포티지** 'Sports(레저)＋Portage(운반)' 의 합성어. 레저와 업무를 동시에 만족시킨다는 새로운 감각의 자동차를 말한다.

**쏘렌토** 이탈리아 나폴리의 항구도시 이름.

**쏘울** '영혼(靈魂; SPIRIT OF PERSON)' 을 말한다.

**아벨라** 라틴어인 'AVEO' 와 'ILLA' 의 합성어이다. AVEO는 갖고 싶은 소유의 뜻이고, ILLA는 그것이란 뜻이다. 즉 '갖고 싶은 차' 란 뜻이다.

**엔터프라이즈** 영어의 'Enterprise' 는 '진취, 모험, 기업가 정신' 의 뜻이다.

**엘란** 열정, 열의, 활기, 돌격의 뜻.

**카니발** '사육제(라틴어)', 행사 축제에 잘 어울리며 자유롭고 낭만적인 레저를 추구하려는 차.

**카렌스** 영어 'Car＋Renassance' 의 합성어. 기아의 영광을 되찾겠다는 뜻이다.

**캐피탈** 으뜸가는 차라는 의미.

**콩코드** 조화, 화합, 일치의 뜻.

**크레도스** 라틴어 'OREDO' 로서 '믿다, 신뢰하다, 확신하다' 라는 뜻.

**타이탄** 하늘의 신과 땅의 신 사이에서 태어난 힘센 거족. '매우 크다' 는 의미.

**포텐샤** '힘센, 강력한, 유력한, 잠재적인' 뜻.

**프라이드** '긍지, 자랑거리' 라는 뜻. 소비자 공모로 선정됨.

**프라이드베타** '더 나은 것으로' 의 '진보' 의 뜻이다.

**프레지오** '가치, 명예' 라는 뜻.

**말리부** 미국 캘리포니아주에 위치한 해변가로, 자유롭고 여유로운 삶을 사는 사람들의 아이덴티티를 나타냄.

**스파크** 영어로 '번개, 불꽃'이라는 뜻으로, 톡톡 튀는 스타일과 느낌을 표현함.

**아베오** AVEO는 라틴어로, 관능적인 측면에서 '갖고 싶은, 소유하고 싶은'이라는 뜻을 가지고 있다. 즉, '갖고 싶은 차'라는 의미를 담고 있음.

**올란도** 미국 플로리다주에 위치한 대표적인 가족 휴양 도시의 지명으로, '나와 내 가족의 활동적이고 능동적인 삶을 이끌어 간다'는 의미를 담음.

**임팔라** 달리기가 엄청 빠른 동물 '임팔라'에서 따옴.

**카마로** 프랑스어 'Camarade'에서 유래되었으며, '친구, 동지'를 뜻함.

**캡티바** 불어로 '마음을 끌다', '매혹하다'라는 뜻으로, 어떤 상황에서도 매력적인 외관으로 '고객들의 마음을 얻겠다'는 뜻.

**크루즈** 초호화 여객선을 타는 것과 같은 환상적인 승차감을 제공하겠다는 의미를 담음.

**트랙스** 특별한 의미는 없으며, 내수용 차량이 아닌 전 세계적으로 판매되는 차량이다 보니 소리나 사운드, 느낌 등을 위해 발음하기 좋은 '트랙스'라는 단어를 사용함.

**넥시아** 차세대 품질의 자동차로서 성능과 안전도를 중시하는 유럽인에게 이상적인 만족감을 제공해 주는 차라는 의미.

**누비라** 세계를 누비는 우리의 차라는 의미를 가짐.

**다마스** 언제 어디서나 시간 장소에 구애받지 않고 친숙하게 지낼 수 있는 차.

**라노스** 우리를 즐겁게 해 주는 차라는 의미를 가짐.

**라보** 일속에서 '목표를 향해 도전한다' 라는 의미를 가짐.

**레간자** 우아함과 파워의 합성어로 소리 없는 '우아한 파워를 지닌 차' 란 뜻임.

**레조** 시원하고 상쾌한 바람이 부는 그늘진 쉼터라는 뜻.

**렉스턴** Rex(상류사회)＋Ton(최신유행) 합성어.

**로디우스** 길(Road)과 제우스(Zeus)의 합성어로 '길 위의 제왕'.

**르망** 자동차 경주로 유명한 도시 이름을 통해 스포티한 스타일과 성능을 표현함.

**마티즈** 깜찍하고 빈틈이 없으면서 단단한 느낌을 주는 매력적인 차.

**매그너스** '위대한, 귀족적인, 강력함' 을 뜻함.

**무쏘** 코뿔소처럼 튼튼하고 강력한 힘을 지녔다는 뜻을 가짐.

**브로암** 중세 유럽 귀족들이 타던 '유개 마차' 라는 뜻.

**씨에로** 하늘처럼 넓고 푸른 꿈과 야망을 지닌 현대인에게 운전의 즐거움을 주는 차란 의미를 담음.

**아카디아** 누구나 한 번쯤 소유하고 싶어하는 편안하고 안전한 이상적인 자동차.

**에스페로** '희망하다, 기대하다' 라는 의미를 가짐.

이스타나 궁전이라는 뜻이다.

체어맨 우리 사회 모든 부분에서 최고의 위치를 상징하는 뜻을 지님.

코란도 'Korean can do it!' (한국인은 할 수 있다)의 줄임말.

티볼리 덴마크 세계 최초 테마 공원.

티코 작다는 뜻과 튼튼하다는 뜻이 합쳐진 의미.

프린스 귀족의 품위를 지닌 고급 승용차라는 뜻.

## 건강(健康) 십칙(十則)

(1) **소육다어(小肉多魚)** 고기는 적게 먹고, 생선은 많이 먹는다.

(2) **소식다치(小食多齒)** 적게 먹고, 많이 씹는다.

(3) **소염다초(小鹽多醋)** 소금은 적게 먹고, 식초를 많이 먹는다.

(4) **소주다과(小酒多果)** 술을 적게 마시고, 과일을 많이 먹는다.

(5) **소차다보(小車多步)** 차를 적게 타고, 많이 걷는다.

(6) **소의다욕(小衣多浴)** 옷은 적게 입고, 목욕은 자주 한다.

(7) **소언다행(小言多行)** 말은 적게 하고, 실행을 많이 한다.

(8) **소욕다시(小欲多施)** 욕심을 적게 하고, 선행을 많이 한다.

(9) **소분다소(小憤多笑)** 분한 것은 적게 하고, 많이 웃자.

(10) **소번다면(小煩多眠)** 번민은 적게 하고, 잠을 많이 잔다.

**不孝父母死後悔** (불효부모 사후회)

　　부모에게 효도하지 않으면 돌아가신 후에 뉘우친다.

**不親家族疎後悔** (불친가족 소후회)

　　가족에게 친절치 않으면 떨어진 뒤에 뉘우친다.

**少不勤學老後悔** (소불근학 노후회)

　　젊을 때 부지런히 배우지 않으면 늙어서 뉘우친다.

**安不思難敗後悔** (안불사난 패후회)

　　편할 때 어려움을 생각지 않으면 실패한 뒤에 뉘우친다.

**富不儉用貧後悔** (부불검용 빈후회)

　　부(富)할 때 아껴 쓰지 않으면 가난해진 후에 뉘우친다.

**春不耕種秋後悔** (춘불경종 추후회)

　　봄에 종자를 갈지 않으면 가을에 뉘우친다.

**不治壇墻盜後悔** (불치단장 도후회)

　　담장을 고치지 않으면 도둑맞은 후에 뉘우친다.

**色不勤愼病後悔** (색불근신 병후회)

　　색을 삼가지 않으면 병든 후에 뉘우친다.

**醉中妄言醒後悔** (취중망언 성후회)

　　술 취할 때 망령된 말은 술 깬 뒤에 뉘우친다.

**不接賓客去後悔** (불접빈객 거후회)

　　손님을 접대하지 않으면 간 뒤에 뉘우친다.

## 결혼기념일(結婚紀念日) 관련 용어

우리나라에는 회혼례(回婚禮)라 하여 결혼한 지 60년이 되는 날 그 자녀들이 회갑례(回甲禮)와 같은 격식으로 큰상을 올리고 축하드리는 예식이 있고, 이것이 결혼기념 행사로는 유일한 것인데 서양에서는 이 결혼기념 행사를 자주 가진다.

초기에는 거의 매년 기념하고 늙어서도 5년에 한 번씩은 성대한 잔치를 베풀어 친척·친지들을 초대하고 즐겁게 보낸다.

요즈음에는 우리나라에도 서양식으로 결혼기념일을 지키는 경향이 보급되어 있어 참고로 기념일을 소개한다.

(1) **지혼식(紙婚式)** : 결혼 1주년 기념일(종이, 플라스틱 제품을 준다).

(2) **고혼식(藁婚式)** : 결혼 2주년 기념일(綿 제품을 준다).

(3) **과혼식(菓婚式)** : 결혼 3주년 기념일(가죽, 합성 피혁 제품을 준다).

(4) **혁혼식(革婚式)** : 결혼 4주년 기념일(비단, 나일론, 합성실크 제품을 준다).

(5) **목혼식(木婚式)** : 결혼 5주년 기념일(초대한 손님에게 목제 기념품을 준다).

(6) **석혼식(錫婚式)** : 결혼 10주년 기념일(초대한 손님에게 錫제 기념품을 준다).

(7) **마혼식(麻婚式)** : 결혼 12주년 기념일(청동제 기념품을 준다).

(8) **동혼식(銅婚式)** : 결혼 15주년 기념일(이날에는 銅제 기념품을 준다).

(9) **도혼식(陶婚式)** : 결혼 20주년 기념일(이날에는 陶제 기념품을 준다).

(10) **은혼식(銀婚式)** : 결혼 25주년 기념일(이날에는 銀제 기념품을 준다).

(11) **진주혼식(眞珠婚式)** : 결혼 30주년 기념일(진주 제품).

(12) **산호혼식(珊瑚婚式)** : 결혼 35주년 기념일(이날에는 남편이 아내에게 산호 목걸이를 선물로 준다).

(13) **녹옥혼식(綠玉婚式)** : 결혼 40주년 기념일(루비, 석류석 제품).

(14) **홍옥혼식(紅玉婚式)** : 결혼 45주년 기념일(사파이어 제품).

(15) **금혼식(金婚式)** : 결혼 50주년 기념일(금 제품).

(16) **회혼식(回婚式)** : 결혼 60주년 기념일(보석, 금 제품).

(17) **금강석혼식(金剛石婚式)** : 결혼 75주년 기념일.

## 예절에 관련된 용어

### 1. 일가친척(一家親戚)

일가친척이란 일가(一家), 친당(親堂), 척당(戚黨)을 총칭한 말이다.

### 2. 일가(一家)

성씨와 본관(本貫)이 같은 모든 사람을 일컬으며, 즉 동일 시조(始祖) 밑의 모든 자손과 배우자를 말한다.

### 3. 친당(親堂)

일가 중에서 친소(親疏)관계를 따져서 나(本人)의 8촌 이내의 일가친척과 그들의 배우자를 말한다. 즉 형제(2촌), 종형제(4촌), 재종형제(6촌), 3종형제(8촌), 형제항렬과 부모(1대), 백숙부(3촌), 당숙(5촌), 재당숙(7촌) 등 숙(叔) 항렬과 조부모(2대), 증조(3대), 고조(4대) 등 조(祖) 항렬이 모두 친당이다.

### 4. 본당(本堂)

나의 아래 항렬로서 자녀(二世), 질(3촌), 당질(5촌), 재당질(7촌), 손(三

世), 증손(4촌), 현손(5촌) 등 나에게서 퍼진 무리를 좁은 의미의 본당이
라 한다.

## 5. 척당(戚黨)

외척(外戚)과 인척(姻戚)을 합하여 척당이라 한다.

## 6. 외척(外戚)

4촌 이내의 모계혈족(母系血族)을 말하며 여기에서 4촌이란 어머니의
4촌이 아니고, 어머니의 친정 일가 중 나와의 4촌 이내를 말한다. 외가
댁 고모(외4촌), 외증조(외3대), 외숙(외3촌), 이모(외3촌), 외4촌 형제
자매, 이종사촌 형제자매 등이다.

## 7. 인척(隣戚)

배우자의 척당(戚黨)을 말한다. 즉 인척을 처의 부모 즉 장인(丈人), 장
모(丈母)를 말한다.

## 8. 친족(親族)

민법 제 777조에 규정된 친족의 범위를 보면, 첫째, 8촌 이내의 부계 혈
족. 둘째, 4촌 이내의 모계혈족. 셋째, 남편의 8촌 이내의 부계혈족. 넷
째, 남편의 4촌 이내의 모계혈족. 다섯째, 처의 부모. 여섯째, 배우자 등
을 말한다.

## 9. 혈족(血族)

동일한 조상에서 갈리어 나온 친족을 말하는데 자기의 직계존속과 직
계비속을 직계혈족이라 하고 자기의 형제자매, 형제의 직계비속, 직계
존속의 형제자매 및 그 형제의 직계비속 등을 총칭하여 방계혈족이라
한다.

## 10. 세대(世代)

가계(家系)의 시대적 구분을 말하며 자기를 중심으로 내리 대수(代數)
를 세(世)라 하고, 올리 대수(代數)를 대(代)라 하며 1세대는 대략 30년

을 말한다.

## 11. 유복친(有服親)

특정한 친척이 사망하였을 때 그를 위하여 상복(喪服)을 입게 되는 친족(親族)을 말하며, 그 범위는 보통 8촌 이내의 친당과 본당 그리고 4촌 이내의 척당이다.

## 12. 면복친(免服親)

유복친의 범위를 벗어난 친족으로, 즉 9촌 이상의 일가와 보통 5촌 이상의 척당(戚黨)을 말한다.

## 13. 항렬(行列)

시조 이후 자손의 대수를 나타내는 차례를 항렬이라 한다.

## 14. 숙항(叔行)

아저씨뻘의 항렬을 말하며 부모, 백부모, 숙부모(3촌), 당숙(5촌), 재당숙(7촌) 등의 친당 어른들이 이에 속한다.

## 15. 촌수(寸數)

친족 사이에서 멀고 가까운 친소(親疏)관계의 마디수를 계산한 숫자를 말한다.

## 16. 동기간(同氣間)

같은 부모 밑에 태어난 자녀를 형제자매라고 하며 이를 동기간(同氣間)이라 한다. 동기간 중에서 남녀 성별이 같으면 형제라 부르고, 성별이 다른 사이는 남매(男妹)라 한다. 또 형제간을 기러기 떼가 나란히 줄지어 날아가는 행렬에 비유하여 안항(雁行)이라고도 한다.

## 17. 진외가(陳外家)

아버지의 외가 즉 할머니의 친정집을 부르는 말(어머니의 외가-외외가外外家). 진외가라는 말에서 사용된 진(陳)이라는 글자는 '오랠 구(久, 오래됨)'를 뜻하는 '오래될 진' 자로 된다. '오래된 외가'라는 우리말을 한문으로 옮긴 것이 '진외가'다.

## 18. 사돈(査頓)

사돈이란 혼인한 양쪽 집안 사람들이 서로 부르는 호칭(呼稱)이다. 사돈집을 사가댁(査家宅)이라 하며, 직계사돈(안사돈)과 곁사돈(방계사돈)이 있다.

## 19. 사례(四禮)

관혼상제에 관한 4의례(四儀禮)를 말한다. 즉 관례(冠禮), 혼례(婚禮), 상례(喪禮), 제례(祭禮)를 말한다.

## 20. 관례(冠禮)

오늘날의 성년식(成年式)에 해당하는 의식이다. 즉 옛날에 남자는 15세에서 20세 사이에 댕기머리를 자르고 상투를 틀어 올린 후 갈대로 엮어 만든 초립(草笠)이란 갓을 씌우게 된다. 이것을 관례(冠禮)라 한다.

## 21. 경천애인(敬天愛人)

하느님을 공경하고 사람을 사랑하라.

## 22. 경장애유(敬長愛幼)

웃어른을 공경하고 아랫사람을 사랑하라.

## 23. 바른 예절을 위한 위계질서 경구(맹자)

(1) 조정막여작(朝政莫如爵) : 조정에서는 벼슬의 지위만한 것이 없다(직위 우선).

(2) 향당막여치(鄕黨莫如齒) : 일반 사회생활, 즉 향당(마을)에서는 나이만한 것이 없다(연령 우선).

(3) 보세장민 막여덕(輔世長民莫如德) : 세상을 돕고 백성을 잘 살 수 있게 함에는 덕(德)만한 것이 없다(학문과 덕성을 최우선).

## 24. 연장자 대접(예기 곡례편)

(1) 연장이배 즉부사지(年長以倍 則父事之) : 자기보다 20세 이상이면

아버지를 모시듯 섬기고

(2) 십년이장 즉형사지(十年以長 則兄事之) : 자기보다 10년 이상 연장자에겐 형님을 섬기듯 모시고

(3) 오년이장 즉견수지(五年以長 則肩隨之) : 자기보다 5년 이상 연장자에겐 선후배 사이로 지낸다.

## 25. 남좌여우(男左女右)

예절을 행함에 있어 남자는 동쪽으로 여자는 서쪽으로 위치하라는 말이다. 또 왼쪽 즉 동쪽이 양(陽)이 되고, 오른쪽 즉 서쪽이 음(陰)이 되어 남좌여우라고 말한다.

## 26. 장부처동 부인처서(丈夫處東 婦人處西)

수연례(壽筵禮)에서 남자 어른이 동쪽에 위치하고, 여자 어른이 서쪽에 위치한다.

## 27. 서동부서(壻東婦西)

혼인예식에서 신랑이 동쪽에 신부가 서쪽에 위치한다.

## 28. 기제(忌祭)

제사의 일종으로 조상이 돌아가신 날을 추모하는 제사를 기제라 하며, 조선시대의 경국대전 예절에 보면 문무관 6품 이상은 3대 봉사, 7품 이하는 2대 봉사, 평민은 1대만 모시도록 되어 있었으나 백성들이 자기 가문을 빛낸다고 앞다투어 조선 후기부터 4대 봉사(奉祀)가 일반화 되었다.

## 29. 절사(節祀)와 연시제(年始祭)

절사는 음력 8월 추석 아침에 지내는 제사를 말하고, 연시제는 정월 초하룻날 아침에 지내는 '차례(茶禮)'를 말한다.

## 30. 홍동백서(紅東白西)

제사상을 진설할 때 같은 앞줄에 놓는 과자류라도 동쪽에는 붉은 것을

놓고 흰 것은 서쪽에 놓는 것.

## 31. 동두서미(東頭西尾)

생선을 놓을 때는 머리를 동쪽으로 향하게 하고, 꼬리 부분을 서쪽으로 놓는 것.

## 32. 좌포우혜(左脯右醢)

생선포 등 마른 것은 좌측으로 놓고, 국물이 있는 식혜 등은 우측으로 놓는다.

## 33. 어동육서(魚東肉西)

어류는 동쪽으로 놓고, 육류는 서쪽으로 놓는다.

## 34. 좌반우갱(左飯右羹)

밥은 좌측에 국을 우측에 놓는다.

## 35. 조율시이(棗栗柿梨)

과일은 서쪽에서 시작하여 대추(棗), 밤(栗), 감(柿), 배(梨)의 순서로 놓는다.

## 36. 제사 순서(祭祀順序)

조선 숙종 때 이재(李載)란 학자가 펴낸 '사례편람(四禮便覽)'에 의한 제사 순서는 다음과 같다.

(1) 강신(降神) : 강신은 조상의 신을 모시는 절차로 제주(祭主)가 제상(祭床) 앞에 향을 피우고 술잔에 술을 부었다가 퇴주 그릇에 조금씩 3번 나누어 부은 다음 빈 술잔을 제상에 올리고 재배하는 것을 말한다. 그리고 제상에 메(밥), 갱(국)을 올려놓는다.

(2) 초헌(初獻) : 맨 처음 술을 따라 올리는 것을 초헌이라 하고, 그를 행하는 사람을 초헌관이라 하는데 제주가 초헌관이 된다. 이때 초헌관이 재배하고 그 다음에 제사 참례자들이 무릎 꿇고 앉은 상태에서 축문을 낭독한 후 일제히 재배하면 초헌이 끝난다.

(3) 아헌(亞獻) : 제주의 동생이 두 번째로 헌주자(獻酒者)가 되어 술잔을 갈아 올리는 것을 아헌이라 하며, 이때에는 제참자가 일제히 재배한다.

(4) 종헌(終獻) : 제주의 장남이나 다른 친척 중에서 제주가 지명하는 사람이 종헌관이 되어 술잔을 올리고 일제히 재배한다.

(5) 첨작(添酌) : 종헌 때 올린 술잔은 제상에서 내리지 않고 그 술잔 위에 조금씩 술을 3번 더 따른다. 이때 첨부해서 따른다고 하여 첨작이라 한다. 그리고 메(밥)에 수저를 꽂고 제참자가 일제히 재배한다.

(6) 합문(闔門) : 모든 제참자들이 문을 닫고 동쪽에서 서쪽을 향하여 서서 조상이 식사하기를 기다리는 순서이다. 그리고 조금 후 국그릇을 내리고 숭늉으로 바꾸어 놓고 그 안에 밥을 조금씩 3번 떠서 말아 놓는다.

(7) 철사(撤祀) : 일제히 재배하고 지방을 떼어 불사르고 상위의 술을 내려 마시는데 이를 음복(飮福)이라 한다.

# 시사용어사전

•

편저자 / 김시우
발행인 / 김영란
발행처 / **한누리미디어**
디자인 / 지선숙

•

08303, 서울시 구로구 구로중앙로18길 40, 2층(구로동)
전화 / (02)379-4514, 379-4519
Fax / (02)379-4516
E-mail/hannury2003@daum.net

•

신고번호 / 제 25100-2016-000025호
신고연월일 / 2016. 4. 11
등록일 / 1993. 11. 4

•

초판발행일 / 2025년 5월 10일

•

•

값 **15,000원**

•

ISBN 978-89-7969-897-8   01070